Je vous remercie,

mais vous ne le savez pas

au moment où j'écris.

Ces histoires étant issues du réel, des noms, prénoms ou lieux
ont pu être changés pour respecter l'anonymat.

*Vous voulez rester sérieux ?
Persévérance et bonne humeur
sont vos alliées.*

*Vous voulez être léger ?
Faites le avec sérieux et bonne humeur.*

Table des matières

Donne lui en un 6
Les lacets quand on est vieux 6
Les autres sont loin derrière 7
Il faut remonter la pente.. 7
Vous auriez le bon numéro ? 8
Le premier ministre ou le président 9
Vendredi c'est votre dernier jour 10
J'ai 20 ans de permis…. ! 11
Vous avez de la monnaie ? 12
Un clou 13
Boum 14
Un chocolat ? 15
Non monsieur ! 16
Vous êtes chimiste ? 16
L'huissier et le couvre-feu 17
Le nouveau vigile 18
Oui j'ai du mal à marcher 19
Le jour du saigneur ? 20
Je n'en peux plus 21
Tu aurais dû me donner un milliard 22
Vous avez gagné 24
Dès que je suis sourd je vous appelle 25
Vous, vous avez fait de la montagne 25
Madame, le muguet est sorti 26
Vous essayez de vous infiltrer ? 28
Je suis perdue.. 29
Vous tenez le mur ? 30
Écartez les bras 31
Elle pleure 32
Cendrillon, c'est vous ! 33
Venez prendre le café 34
Merci pour les roses 36
J'ai rencontré Teddy Smith ? 36
A mon avis vous avez un coup dans le nez 37
Excusez moi, je ne vais pas pouvoir rester 39

Vous n'êtes pas des moutons..41
Ne le faites pas trop boire, c'est pas bon.........................42
Une vie sans pépin ?..42
C'est vous, Victor Hugo ?..46
Madame, si vous attendez un train, la gare c'est par là. . 46
La rue des italiens c'est par où ?....................................48
Rentrez chez vous..48
Dites donc, vous pourriez prévenir !..............................49
On dirait une étoile filante...51
Moi, monsieur, je suis infirmier.......................................51
Vous avez été dompteur ?..52
Ça fait un euro de trop...53
Vous êtes plongeuse ?..54
J'espère que vous écrivez...55
Tiens, voilà la grand mère...57
Vous êtes toujours aussi bienveillante.. 58
C'est là, la file d'attente ?...60
Madame, ne marchez pas pieds-nus 61
Venez me voir à 13h30...62
C'est grâce à son aimant..63
Je suis allé dans un EHPAD...65
Aude est partie...65
On dirait la femme de Zorro...66
Je ressemble à un épouvantail.......................................67
Promis ! On revient pour le goûter.................................67
Chaussure à mon pied ?...68
J'aurais voulu être pompier..69
La dame de cœur 70
Je vous ramène des chocolats ?.. 71
Je vous présente Zorro...73
Vous ne devriez pas compter..74
Passez nous voir...75
Ça sent le poisson..76
Ça fera 15 euros...77
Je vous ai donné quoi comme billet ?............................77
Vous êtes téméraires..78
C'est comme ça que vous recherchez des clients ?........79

Les femmes sont comme ça ?..80
Dites quelques mots pour moi.......................................81
Vous avez un éditeur ?..82
Si j'étais plus vieux..84
Excusez moi...85
Mais non, ce n'est pas pour vous.................................86
Il ne risque rien, il est avec Jésus................................87
Monsieur Lemasson ?...88
Un bon fromage blanc...88
Bravo, vraiment bravo...89
Je croyais que vous étiez ensemble.............................90
Bonsoir...91
Vous avez raison..91
Vous êtes le voisin ?...93
Désolé je n'ai pas de monnaie.....................................94
On n'a pas gardé les cochons ensemble......................94
Monsieur, c'est lui 95
Tenez, comme promis...97
Ils recherchent un trompettiste....................................98
Sois heureux 99
C'est un miracle..100
Donne moi le sens de l'humour..................................101
Veni, vidi, ma sœur...101
La rencontre qui n'a pas été écrite.............................103

Donne lui en un

Dans une zone piétonne, un couple est arrêté au milieu de la rue. L'homme, d'une cinquantaine d'années, donne un gâteau à sa compagne et commence à refermer le paquet.
« Bonjour, alors vous, vous êtes d'une générosité sans pareil. …donner des gâteaux aux passants, c'est du jamais vu. Vraiment bravo. Vous pensez que je peux en avoir un ? »
Madame intervient alors que monsieur terminait de fermer le paquet sans avoir l'intention d'en donner un :
« *Non, donne lui en un.* »
Il hésite.
« *Donne lui en un je te dis.* » ajoute-t-elle d'un ton autoritaire.
Elle est déterminée et le pauvre bougre que j'avais qualifié d'homme généreux se retrouve aux ordres de sa femme/compagne.
« Non je blaguais, c'est pour se détendre. » ajoutai-je.
« *Ouvrez votre main.* » renchérit-elle.
« *Allez fais en tomber un.* » lui dit-elle en le regardant.
Un biscuit me tombe dans la main. L'enrobage de chocolat au lait avec une amande, un morceau de noix et deux raisins secs composent le tout.
« Merci beaucoup, je ne recommencerai pas. Bonne journée à vous deux. »
Franchement on s'est régalé. Ils sortaient d'un des meilleurs pâtissiers du quartier.
Le fiston ajoute un peu plus tard :
« Elle était gentille la dame. »

Les lacets quand on est vieux.

« Demandez au maire de mettre plus de bancs pour que les personnes âgées puissent refaire leurs lacets plus souvent en appuyant leur pied dessus. »

Un vieil homme s'évertue à refaire le lacet de sa chaussure droite en posant son pied sur un banc. Il semble qu'il lui soit impossible de le faire en gardant les pieds à terre, même en mettant un genou au sol : car il pourrait ne pas se relever. Une surcharge pondérale liée à l'âge n'arrange rien. Son ami l'attend.
« *Oui vous avez raison. Bonne journée.* »
La mairie pourrait créer des bornes à lacets, en plus des bornes de stationnement.

Les autres sont loin derrière

« Messieurs, continuez, vous êtes loin devant…les autres sont loin derrière. »
On croise ces mêmes deux vieux hommes qui se promènent.
« *Merci monsieur.* » répondent-ils d'un air jovial.
Ils marchaient extrêmement lentement : surtout l'un d'eux qui renouait, il y a un peu plus de 15 minutes, son lacet dans l'épisode précédent. Mais plus vite ça aurait été difficile. Personne n'aurait pu marcher moins vite, mais ils l'ont bien pris. Arrivera le jour où ça ne marchera plus.

Il faut remonter la pente.

« *Souffle* »
« *Inspire* »
« *Souffle* »
« *Inspire* »
« *Souffle* «
« *Inspire* »
Nous sommes dans un chemin goudronné qui monte assez raide et ce n'est jamais une partie de plaisir. Aujourd'hui on n'est pas les seuls. Ceux qui vont nous doubler sont en tenue

de sport. Un gars et sa compagne. Lui joue le rôle de coach sportif. Au moment ils nous dépassent je m'adresse à eux :
« Je vous remercie de nous dire de respirer, car en fait on n'a jamais essayé de remonter la pente sans respirer. Vos conseils sont les bons, mais c'est dommage que vous passiez devant, car on n'aura plus votre soutien. »
Les deux se sont mis à rire, surtout lui, car elle, avait un peu de mal à tenir le rythme.

Vous auriez le bon numéro ?

Nous sommes mercredi matin. Le téléphone sonne.
« *Bonjour monsieur. Je vous appelle de la part de la Caisse d'assurance maladie : je crois que vous êtes positif au COVID, c'est bien ça ?* »
« C'est bien ça. »
« *Je peux vous poser quelques questions ?* »
« Oui bien sûr, il faut contribuer. J'espère qu'il ne vous arrive pas d'être mal reçu. »
« *Si ça arrive, mais pas trop souvent.* »
« Je vous écoute….. »
« *bla bla bla…..quel symptômes, depuis quand, avez vous participé à des réunions….quelles sont les personnes que vous avez croisées pendant les 48h qui ont précédé les symptômes ?…..etc* »
Aucune question sur de la comorbidité.
« Vendredi dernier, le matin, je suis allé chez le dentiste qui me disait sans arrêt de rester la bouche ouverte. En même temps la fenêtre n'était pas ouverte. J'ai appelé ce matin pour les prévenir. Et leur ai redit ma satisfaction de m'avoir accueilli et soigné rapidement, même si j'ai attrapé le covid dans le cabinet. Les premiers symptômes ont été samedi soir.»
« *Vous pouvez me donner les coordonnées ?* »
« Oui elle se nomme Carrie Denter et elle a un cabinet sur le boulevard. »

« *Je vous remercie. Voulez vous qu'une infirmière passe vous voir ?* »
« Écoutez ça dépend : si elle a besoin de parler, oui, je pourrai l'écouter, sinon, non. »
« *Avez vous des questions à me poser ?* »
« Oui, une. Dois-je contacter mon médecin traitant ? »
« *Non ça n'est pas nécessaire, sauf si des difficultés apparaissent.* »
« Je vous remercie. »
« *Avant qu'on termine cet entretien, auriez vous encore une question à poser ?* »
« Oui, une me préoccupe depuis le début de l'entretien mais j'hésite à la poser. »
« *Allez y je vous écoute* »
« Merci mais franchement j'hésite »
« *Allez y on est là pour ça.* »
Silence de 3 secondes de ma part puis :
« Auriez vous les numéros gagnants du loto de vendredi ? » avec un air triste et quémandeur.
Silence de 3 secondes de la part de l'interlocuteur puis :
« *Non monsieur je ne les ai pas. Et si je les avais je ne sais pas si je vous les donnerais.* »
« C'est bien dommage, je pensais que le service public pouvait nous renseigner, mais je vois que c'est peine perdue. Et pourtant vu le trou de la sécu, vous pourriez jouer au loto pour colmater les brèches. »
« *Oui vous avez raison.* »
« Je vous remercie de votre appel. Passez une bonne journée. »

Le premier ministre ou le président

Mercredi midi.
« *Bonjour monsieur* » dit une dame qui vient d'appeler au téléphone.

« Bonjour madame »
« *Vous avez une minute à me consacrer ? J'ai quelque chose à vous présenter.* »
Ça sent le racolage ou la vente de produits, mais j'ai le temps.
« Oui je vous écoute. »
« *Je vais vous présenter un médium.* »
Là j'ai peur. Ce n'est pas de la menuiserie dont on va parler, sinon elle aurait dit « du » médium. C'est dommage, car j'aime le travail du bois.
« Je vous arrête tout de suite : vous avez dû faire un faux numéro. Appelez tout de suite, et de ma part, messieurs CASTEX et MACRON qui ont peut être besoin des conseils de votre médium : Allez y c'est urgent. On est en pleine pandémie. Bonne journée madame. »
Je raccroche afin qu'il lui reste du temps pour contacter les deux édiles mentionnés. Soit dit en passant, c'est un métier terrible ces centres d'appel. Un métier de mercenaires. Quand on peut montrer un peu de considération ce n'est pas plus mal.
Mais cette option reste parfois difficile à respecter.

Vendredi c'est votre dernier jour

Il est aux environs de 14 h 25 ce jeudi lorsque le téléphone sonne. C'est un 09 --- J'espère que ce n'est pas le médium qui rappelle.
« *Allo ?* »
« Oui bonjour. »
« *Vous êtes monsieur machin.* »
« Mais vous, vous êtes qui ? »
J'étais prêt à raccrocher car ça flairait la vente d'un service avec un appel du bout du monde.
« *C'est la caisse d'assurance maladie.* » répond la jeune femme.
« On m'a déjà appelé hier. C'est pour quoi ? »

« *On a fait analyser votre test et vous avez le variant anglais.* »
« Je vous remercie : alors je vais améliorer mon anglais ? »
« *Vous savez que vous ne pouvez pas sortir pendant 7 jours ?* »
« Oui on me l'a dit hier. »
« *Alors demain ce sera votre dernier jour.* »
« Quoi ! demain ce sera mon dernier jour ? » lui dis-je d'un air dépité et un peu triste.
« *Oui ça ira jusqu'à vendredi.* »
« Oui mais si c'est mon dernier jour, c'est triste. » ajoutai-je avec le même ton.
« *Oh monsieur excusez moi ce n'est pas ce que je voulais dire. Excusez moi.* »
« Ne vous en faites pas, souvent je me détends au téléphone quand les choses sont un peu pénibles, ce qui est le cas de cette pandémie. »
« *Vous savez c'est aussi difficile pour nous.* »
« C'est pour ça que j'essaie toujours de glisser un brin d'humour dans les conversations. Excusez moi si j'ai été maladroit et que ça vous a blessée. J'ai voulu faire ça pour vous distraire, vous rendre les appels moins stressants. »
« *Je vous remercie monsieur, en tout cas je vous souhaite longue vie.* »
bla bla……..fin de l'échange tout à fait correct et avec plein d'empathie réciproque. J'ai le sentiment qu'ils mettent des personnes trop jeunes au standard. En outre le ministre a indiqué hier soir, mercredi, que pour le variant anglais il fallait rester isolé 10 jours.

J'ai 20 ans de permis…. !

Aujourd'hui je discute avec un membre de ma famille, sur un parking. Il fait beau. C'est bientôt la fin de l'après midi. A côté de nous une place de parking est disponible. Un véhicule

s'avance doucement et commence à s'engager pour occuper la place. La partie avant, celle du pare-choc, ne passera pas loin de la voiture d'à côté. Le conducteur ralentit, y jette un coup d'œil rapide, hésite, puis ralentit encore.
Je lui fais signe d'un air amical qu'il peut y aller :
« Allez-y, ça passe. »
Une fois la voiture garée, nous continuons à discuter. Le conducteur sort de sa voiture et s'adresse à moi un peu énervé :
« *J'ai 20 ans de permis, ça va !* »
Le ton est agressif, le visage est tendu. Si je lui réponds de se calmer, on va droit vers une confrontation verbale, à minima. Je ne suis pas belliqueux. Pourtant j'aime bien les combats réglementaires quand les nerfs ne prennent pas le dessus, mais comme je l'ai appris, gagner un combat c'est éviter qu'il ait lieu. Il faut donc désamorcer ce genre de situation.
Le conducteur est parti à pied rejoindre ses copains un peu plus loin. Sa voiture avait dû servir pour une course de stock cars. Elle était cabossée de partout. 20 ans de permis… !

Vous avez de la monnaie ?

Il fait froid ce dimanche, et il est 17h30.
Dans la rue, posé au sol, un étui de guitare rigide sur lequel est posée une guitare en position verticale semble abandonné. Lorsqu'on s'approche on constate qu'il n'en est rien.
Un jeune homme d'une trentaine d'années est debout dans un renfoncement, les deux mains dans les poches de son blouson.
En passant devant je m'arrête :
« Vous ne jouez plus ? »
« *Il fait trop froid, je ne peux plus jouer.* »
« C'est vrai qu'il fait froid. On vous entendra une autre fois. »
« *Vous auriez de la petite monnaie ?* »
Son étui de guitare contenait quelques pièces.

« Non je n'ai pas de monnaie » lui dis je en mettant ma main dans la poche. (oui je n'ai pas de monnaie, c'est vrai, mais...).
« *Ça ne fait rien, merci de vous être arrêté.* »
« Voyez, comme je vous le disais je n'ai pas de monnaie »
Je dépose dans son étui de guitare un billet de 5 euros.
Il se redresse et se confond en remerciements.
« *Ça me sauve la soirée.* » dit-il.
Puis il range son matériel. Nous partons.

Un clou

Ce matin je vais poster un courrier pour un gars que j'ai connu lorsque j'étais étudiant...il y a donc un certain temps. On a repris contact depuis peu de temps et il a répondu à mon dernier courrier de manière tout à fait attentionnée.
En marchant je remarque, au sol, un clou au milieu de la voie de circulation.
Simultanément, un véhicule se gare à proximité. Je vais ramasser ce clou : une pointe acier tête plate de 25 mm[1], puis m'adresse au conducteur du véhicule qui vient de sortir.
« En auriez vous besoin pour un de vos pneus ? » lui dis-je en lui montrant ce que j'avais ramassé et avec le sourire.
« *Je vous remercie, mais j'ai déjà donné.* »
« Ah, vous aussi ? »
« *Oui j'ai eu deux fois une vis plantée dans les pneus. C'est pénible. C'est souvent des gens qui sont sur des chantiers qui les perdent.* »
« Moi également, j'ai eu cela deux fois en deux mois : avec des vis cruciformes tête fraisée. »

---

1 Les clous en acier sont de différentes formes en fonction de leur utilisation. Clous tête homme (ex : pour parquets et pare-closes), clous tête plate (ex : charpente), les deux pour les menuisiers . Puis il y a les clous de tapissiers, les clous de cordonniers... Les clous de girofle sont des plantes. Quand au clou de la soirée, c'est autre chose. Moi j'ai trouvé un clou dans la journée. Se dit aussi pour décrire un vélo.

« Je dois y aller. Vous pouvez considérer que vous aurez fait votre bonne action pour aujourd'hui. »
« Je n'avais pas pensé à cet aspect là, je vous remercie. Bonne journée. »
« Bonne journée. »

Boum !

Il y a plusieurs années, à Bordeaux j'avais eu deux accidents de voiture bénins en l'espace de deux semaines. J'aurais peut-être pu les éviter, je ne m'en souviens plus. Je m'étais alors mis dans la tête que si j'en avais un troisième, ça pourrait être grave ou très grave. Vous connaissez la formule « jamais deux sans trois ».
Après ces deux accidents, lorsque je prenais le volant, je n'étais pas rassuré. Je redoublais de prudence, j'avais les yeux qui oscillaient entre la route devant et les trois rétroviseurs.
Aujourd'hui je dois me déplacer à deux ou trois kilomètres, en centre ville. Je descends la rue François de Sourdis et arrive tout en bas. Le feu est au vert. Je dois tourner à droite. Subitement un piéton traverse en courant l'avenue que je dois emprunter et arrive devant la voiture. Je pile. Ouf pas de blessé…... « **Boum !**»
Le véhicule qui me suivait n'a apparemment rien vu venir. Percussion par l'arrière, avec une bonne secousse. Je ne suis pas en tort.
Le piéton disparaît tranquillement sans se préoccuper de ce qui vient de se passer. Je sors de la voiture et vais voir la voiture de derrière. Une femme est au volant mais n'est pas encore sortie.
Parfois lors d'un accrochage les conducteurs s'invectivent méchamment, en rejetant la faute sur l'autre. Il arrive aussi qu'ils en viennent aux mains. Je comprends alors la prudence de la conductrice car elle est, sans le moindre doute, en tort.

J'arrive à la hauteur de sa portière. Sa fenêtre est baissée. Je lui dis :
« Dans mes bras madame, c'est mon troisième accident et il n'est pas grave. Vous ne savez pas comme je vous remercie. »
Elle m'a regardé avec un air complètement déboussolé. Avait-elle affaire à un dérangé ?
« Madame, j'ai eu deux accidents en deux semaines et je craignais que le troisième soit grave. Mais il ne l'est pas, je vous remercie encore. »
Nous avons fait le constat tranquillement et chacun est reparti de son côté.
« Encore merci, madame. »
Qu'est ce qu'elle a bien pu raconter à ses proches ?

Un chocolat ?

Dans ce quartier il y a plusieurs immeubles. En bas de l'un d'entre eux, un couple âgé[2], debout devant une porte d'entrée, se trouve avec une table pour deux personnes et ils semblent attendre quelque chose.
Cette fin de matinée est fraîche et un léger vent vient en rajouter un peu.

« Bonjour, je prendrais bien un chocolat chaud. » dis-je à ce couple qui ne me connaît pas et que je n'ai jamais vu.
« *Ah monsieur, si vous saviez. C'est avec plaisir que je vous l'aurais offert, mais je ne suis pas équipée ici. On ne voit plus personne pendant ce couvre feu, on ne parle plus à grand monde. C'est dommage. Bonne journée.*» me répond la dame.
« Bonne journée messieurs dames »
Je continue mon chemin.

---
2 Soyons plus précis, un couple âgé est un couple qui a de l'ancienneté, qui a navigué, vécu des choses ... A ne pas confondre avec deux personnes âgées.

Non monsieur

« Non monsieur, ne faites pas ça, on a besoin de vous. »
Il se penche au bord de l'eau. Sa femme est à ses côtés. Sans précautions il pourrait bien tomber à l'eau. L'eau est fraîche, c'est risqué. Il se retourne et me reconnaît.
C'est l'architecte du chantier d'à côté.
Ça le fait rire.
«Je regardais s'il y a avait assez d'eau pour les bateaux. Le niveau a baissé. Je te présente mon épouse. »
« Oui je crois qu'on s'était déjà croisés il y a un an ou deux. » ajoute-t-elle.
« Oui je pense. On vous le prend souvent votre mari, désolé.»
« A la semaine prochaine. » En effet, il y a une réunion de chantier chaque semaine.
Par ailleurs c'est un spécialiste des projets d'aménagement des bords de l'eau. Et un gentil qui a, dans une cour d'école, sculpté un chien en apposant la pancarte : chien gentil.

Vous êtes chimiste ?

Un jeune homme dynamique sort du magasin avec une bouteille de vin dans chaque main. Il marche d'un pas décidé.
Il a l'air d'avoir fait des études. Il a une trentaine d'années. Vêtu d'un manteau beige et les cheveux en ordre il va me doubler.
« Monsieur vous êtes chimiste ? » lui dis-je quand il passe à ma hauteur.
« Comment vous le savez, en effet je suis chimiste. »
« C'est avec vos deux bouteilles à la main que j'ai imaginé votre profession. Car mélanger des vins demande des connaissances. »
« C'est vrai, mais ce n'est pas pour de la chimie. »
« C'est mieux comme ça. Bonne fin de journée monsieur. »
« Vous également. »

L'huissier et le couvre feu

Il est 17h45 devant la vitrine de la fromagerie. Nous sommes trois clients à attendre notre tour. Une dame à la retraite, certainement depuis quelques années, un jeune homme en plein exercice professionnel et moi. A 18 heures on ne sera plus servis, il ne reste que 15mn.
Les 3 clients à l'intérieur semblent prendre tout leur temps ou racontent leur vie en cette période où on ne croise plus grand monde pour parler. Je me demande si on pourra être servis avant 18 heures.
« Monsieur, vous pensez qu'ils seront sortis avant 18 heures ; j'ai l'impression qu'ils racontent leur vie, sinon on devra revenir demain. »
« *Comme c'est parti ce n'est pas sûr.* »
« Le magasin est amendable s'il sert après 18 heures ? »
« *Oui il me semble.* »
« Donc ils ne le feront pas. »
« *Oui ça m'étonnerait.* »
« Surtout qu'ils pourraient être dénoncés par les commerçants du quartier. »
« *Oui ça pourrait créer des jalousies.* »
« A moins qu'il n'y ait un constat d'huissier. Vous ne seriez pas huissier par hasard ? »
« *Moi, vous me voyez en huissier ?* »
« Pourquoi pas, il y en a dans le quartier, mais je ne les ai jamais vus. Vous êtes bien habillé et semblez sortir du travail avec votre mallette. »
« *Ça ne peut pas être moi, tous ceux que je connais n'ont plus de cheveux sur le caillou.* » dit-il en se passant la main dans les cheveux et en les embroussaillant.
« Oui s'ils n'ont rien sur le caillou, ça ne peut pas être vous. Ça donne du souci à ce point ce métier qui conduit à la calvitie ? »
« *Je ne sais pas mais c'est ce que je vois.* »
« C'est vrai qu'ils sont souvent en lien avec des clients qui sont en difficulté. C'est peut être ça qui les mine. »

« *Attention, il y a toujours deux faces à la médaille, s'ils ont des clients en difficulté il y en a d'autres qui demandent des paiements et les obtiennent.* »
« Vous avez raison. Ah, un client sort, on se rapproche. »
« *On sera servis je pense.* »
Finalement deux clients sortent en même temps.
Chacun fait ses courses.
« Bonne soirée monsieur. »
« *Bonne soirée.* »

Le nouveau vigile

« Bonsoir, vous êtes le nouveau vigile ? » (Bien sûr que non ce n'est pas le nouveau vigile) .
Je viens d'entrer ce samedi avec mon fils, dans un magasin d'articles de bureau et de matériel artistique. Il est environ 18 heures. Le temps est assez froid. Le ciel est couvert. La neige n'est pas loin. Après l'entrée, mais avant le portique, une dame d'environ 70 ans se tient immobile devant le passage obligé des clients. Il émane d'elle un calme que j'observe rarement. Vêtue d'un grand manteau gris foncé et d'un chapeau de feutre gris foncé, genre stetson, elle me répond :
« *Excusez moi je n'ai pas bien compris.* »
« Je disais, je pensais que vous étiez le nouveau vigile qui surveille et garde le magasin. »
« *Non, pas vigile pour le magasin. Je garde mon mari.* » Elle m'indique par un regard paisible et assuré qu'il s'approche de la caisse.
« Bonne fin de journée madame. »
Et nous entrons faire quelques achats.
Il y a des personnes qui rayonnent par leur posture et leur silence. C'est assez rare pour être mentionné.

Oui, j'ai du mal à marcher

« Bienvenue aux personnes du puy de dôme..! »
Un kangoo immatriculé dans le 63, vitres ouvertes, vient de se garer à côté de moi sur un parking à l'entrée d'une très petite route de montagne interdite aux véhicules. Je viens de terminer une balade et ai pris quelques photos dont je compte faire bon usage.
A son bord, au volant, une femme accompagnée d'un homme. Les deux dépassent très largement le siècle, voire 1,5 fois.
« Bonjour. »
Ils descendent de voiture.
« Qu'est ce qui peut bien amener des gens du Puy de Dôme ici ? L'exposition sur la peinture byzantine ? »
« On est dans la région car notre fille travaille de l'autre côté. On a pris un hébergement près d'ici et on découvre les environs. On habite près de Clermont Ferrand. »
« Ça ne va pas être difficile pour vous de monter tout en haut ? »
Je m'adresse à monsieur, qui, avec une canne anglaise, marche difficilement.
« C'est mon mari. Il a du mal à marcher et ne voit pas très bien. Il fera quelques pas et restera non loin d'ici pendant que j'irai en haut. »
Aurait-t-elle oublié de me dire qu'il serait sourd et muet ?
« Oui j'ai du mal à marcher.... » ajoute-t-il.
Il n'est donc ni sourd ni muet.
Voilà un couple resté ensemble qui continue sa route. C'est un bonheur de les croiser. Je pense à d'autres couples dont j'ai des nouvelles ou pas de nouvelles du tout et dont le parcours a pu être régulier, chaotique, douloureux ou merveilleux.
« Vous savez lorsqu'on arrive en haut, le paysage est magnifique voire un peu féerique; il y a des bancs, de l'herbe verte et un panorama assez extraordinaire, alors, monsieur, je vous offre une heure de mon temps pour vous permettre d'aller en haut puis de redescendre. Personne ne m'attend ailleurs à cette heure ci. »

Madame répond :
« *Non je vous remercie. Il se mettra sur le chemin et se reposera au bord pendant que j'irai en haut.* »
« Franchement si je vous le propose c'est avec plaisir. Il fait beau, et pas trop de vent...n'hésitez pas. »
Nous échangeons ensuite quelques mots très simples sur nos parcours professionnels passés et comment nous utilisons ou comptons utiliser les années que je qualifie de "surnuméraires". Puis plus chaleureusement sur les parcours de nos enfants.
Pour accompagner monsieur je n'insiste pas mais ce n'est pas lui qui a refusé. Il est peut être trop fragile...?
« *Vraiment on vous remercie de votre proposition. Si vous revenez dimanche on y sera avec notre fille.* »
« Merci à vous et bon après-midi et peut être à dimanche. »
Puis je suis rentré.

Le jour du saigneur ?

Les auvergnats m'avaient invité à retourner le dimanche suivant sur un lieu de balade mais la pluie ininterrompue tout le week-end m'en a dissuadé. Je n'y suis pas allé. Cet autre dimanche soir, nous rentrons à la suite d'un très bon après-midi. Il est 18h 30.
« *Monsieur, monsieur, venez voir, venez.* »
Une dame entre 70 et 80 ans promène son chien dans le petit parc autour des immeubles.
« *Regardez là haut il y a une femme qui se fait battre... Et on l'entend crier.* » Elle tremble presque en me le disant.
Je suis témoin direct de ce qui se passe dans un appartement du 3ème ou 4ème étage. Je dis à mon fils de rentrer à la maison. Ce genre de situation le stresse. J'appelle immédiatement le 17. Leur véhicule ne tarde pas. Pas de sirène. Ils décident d'intervenir immédiatement. Ils sont 6, une équipe mixte.

Quelques minutes plus tard ils sont en bas avec l'homme d'un côté et la femme de l'autre qui est en pleurs.
Les policiers me font signe de ne pas m'attarder.
Je ne sais pas comment cela se serait arrêté. J'espère et je pense que les policières qui semblaient avoir une bonne qualité d'écoute prodigueront de bons conseils. Ce matin j'apprends que la femme a été hospitalisée et n'a pas porté plainte.

La semaine suivante elle déménageait, avec sa maman et d'autres personnes pour l'aider.

Je n'en peux plus

Nous sommes ensuite aller manger une pizza chez un passionné d'art et de mosaïques. J'ai dit à la serveuse : « J'espère que votre mari ne vous frappe pas, parce que je viens d'appeler la police pour une femme qui prenait des coups.... »
Elle me répond :
« *C'est arrivé une fois. Ça a été la première et la seule. Je suis partie tout de suite. J'ai trois enfants.* »
Il y a quelques mois, en avril, la mère d'un copain de mon fils, directrice d'un service de 30 personnes, me faisait part de sa situation. La crainte de violences physiques de la part de son mari (séparés de fait mais pas divorcés) l'empêchent de vivre et de dormir normalement. Lui je le connais, c'est un costaud mais je ne le pensais pas menaçant. Elle ajoute :
« *Je n'en peux plus. C'est la première fois que j'en parle. J'ai tous mes trimestres pour la retraite mais je ne veux pas arrêter de travailler. Il faut que je sorte de chez moi parce qu'il vient à l'improviste.* »
Lui je l'ai recroisé un an plus tard. Il se promenait tout seul. Je pressent qu'il n'est pas parti pour quelqu'un. Je ne lui ai rien demandé. Il m'a dit dans la conversation :

« *Annabelle est maintenant à la retraite.* »
C'est sa femme. Pas un mot de plus.
« Au revoir bonne balade.»
« *Au revoir bonne promenade.*»
Peut être je la rappellerai pour prendre de ses nouvelles.
Lui, je l'ai rencontré une autre fois, toujours seul.
Et encore une autre fois, toujours seul.

Tu aurais dû me donner un milliard

Dernièrement, un ami pianiste m'envoie un lien vers une vidéo qu'il a enregistrée en improvisant sur CARAVAN de Duke Ellington. J'ai beaucoup apprécié. Comme il ne vit pas sur l'or, sauf s'il y a de l'or dans sa caravane, je lui envoie un chèque de 10 euros par courrier avec un petit mot :
« Bravo. Je ne veux pas profiter de ton travail comme un voleur, car même si 10 euros peuvent convenir pour un morceau de plus de 2 minutes, ça ne paye pas les années qui ont précédé et qui t'ont permis d'en arriver là. Tu seras peut être mécontent, ou pas, mais ce sera mon dernier prix. Porte toi bien et salue Catherine » (son épouse ou celle qui l'a pour époux, selon le point de vue qu'on veut avoir ou selon la réalité, mais chez eux les deux formules se valent).
5 jours plus tard il a reçu l'enveloppe et m'envoie un mail :
« *Merci ô maître vénéré et maître à ruban. Merci beaucoup c'est très gentil. Mais alors …. la musique a de la valeur ? C'est fou ça, pourquoi on ne m'a jamais rien dit ?*
Signé : le nouveau riche. »
Il est intraitable : avec lui, difficile de rester sérieux. Très souvent les points abordés prennent une tournure humoristique ou sont tournés en dérision. Mais toujours avec respect et bienveillance.

La même semaine je participe à une réunion intercommunale qui rassemble une vingtaine de personnes. Devant moi est

assise une femme que je ne connais pas. Brune, elle porte un pull et une grande natte non attachée en bas, ni en haut d'ailleurs. Elle essaie de prendre la parole en levant la main. Rien n'y fait. Ceux qui sont devant enchaînent sans se rendre compte ou en l'ignorant. L'animateur semble ne se rendre compte de rien. Je lui chuchote :
« Tapez du poing sur la table. » Elle se retourne et me sourit.
Du coup elle tape sur sa table la parole lui est donnée dans la foulée.
La réunion se termine. Elle se dirige vers moi et ajoute :
« *Je crois bien vous avoir déjà vu quelque part.* »
« C'est possible j'habite en ville. »
« *Moi aussi. Vous n'avez pas un fils ……* »
« Si j'ai un fils….. »
« *Alors on s'est déjà vus. On s'était parlé lors du dernier confinement en mars 2020, dans le parc qui n'est pas loin de l'église. Ça fait un an.*»
« Ah c'est vous, vous étiez avec trois enfants ? »
« *Oui c'est ça. Votre fils avait posé une question sur le chant des oiseaux et j'avais tenté d'y répondre.* »
« Oui effectivement, mais je ne me souviens plus ni de la question ni de votre réponse. Par contre je me souviens de votre gentillesse et de votre écoute, c'était assez inhabituel. »
« *Vous savez dans les jours qui ont suivi, j'ai mis dans mon sac ce que je voulais vous donner, mais je ne vous ai plus rencontré.* »
Elle sort de son sac un CD.
« *Tenez c'est pour vous et pour lui. On a fait ce disque avec mon mari. Je vous l'offre.* »
« Je pense que c'est un disque avec des chants religieux. »
« *Oui c'est ça, vous verrez.* »
« On se reverra certainement dans le quartier. Merci et bonne fin de journée. »
« *Bonne fin de journée.* »
Je l'ai revue quelques mois plus tard avec son mari et leurs trois enfants. Lui a démarré des études pour devenir pasteur. Ils ont, depuis, quitté la région.

Suite à cet épisode je réécris à mon ami pianiste.

« On vit dans un monde merveilleux. Je t'envoie un chèque pour un morceau de 2mn et c'est une dame que j'ai croisé en ville il y a un an qui me reconnaît, puis m'offre gracieusement un CD de chants religieux enregistré avec son mari.
C'est pas beau ? Naturellement on va l'écouter pour avoir une idée, mais l'essentiel est déjà là. »

Il me répond dans la foulée :

« *Génial c'est une belle communion. Tu aurais quand même dû m'envoyer un milliard d'euros. Tu imagines ce que tu aurais reçu ?*
Au fait, tu as lu mon bouquin ? »

Car le pianiste est en plus écrivain. Il a publié un livre qui contrairement à son habitude, n'est pas de la bande dessinée, mais seulement du texte. Je ne l'ai pas lu en entier à l'heure qu'il est. Mais deux mois après, je l'ai terminé.

Vous avez gagné...

« *Bonjour monsieur.* »
« Bonjour monsieur »
« *J'ai le plaisir de vous annoncer que notre société fête aujourd'hui ses dix ans d'existence et votre numéro de téléphone a été tiré au hasard. Vous avez gagné 10 minutes gratuites de divination.* »
« Merci monsieur, vous n'imaginez pas comme vous me faites plaisir, mais je ne veux pas profiter de ce cadeau pour moi tout seul. Je vous demande d'appeler, de ma part, monsieur CASTEX et de lui offrir ces dix minutes de divination. Il pourrait en avoir besoin. Merci et au revoir monsieur. »

Dès que suis sourd je vous appelle

« *Bonjour* »
« Bonjour »
« *Vous allez bien ?* »
« Oui et vous ?
« *Oui ça va . »*
« Je voulais vous dire, merci d'avoir rapproché votre magasin de mon logement, ça me fera moins loin pour aller vous voir. Vous pourrez en faire part au groupe auquel vous appartenez : Ecouter Voir. »
« *Oui je n'y manquerai pas.* » répond-il avec un sourire presque amusé.
Il faut dire qu'on se connaît, car cet opticien est toujours aux petits soins pour ses clients. A chaque fois que j'entrais dans le magasin, il m'apercevait et je lançais :
« Non pas lui …. » en parlant de moi à sa place. Et à chaque fois ça nous faisait sourire quelques secondes.
Aujourd'hui il semble pressé, on est dans la rue et il doit retourner à sa boutique.
« *A un de ces jours* » me lance-t-il.
« C'est pas demain la veille. » répondis-je. Et j'ajoute :
« Pour les lunettes c'est fait, mais promis, dès que je suis sourd je vous appelle. » Car son magasin vend aussi des prothèse auditives.
« *C'est d'accord* »
On ne se prive pas de rire encore une fois.

Vous avez fait de la montagne

« Bonjour »
« *Bonjour* » me répond le vieil homme qui marche doucement avec deux bâtons de marche, dans un bois traversé par des chemins vallonnés. On vient de se croiser.
« Vous avez dû faire de la montagne ? Je me trompe ? »

Il s'arrête d'un coup et se tourne vers moi.
« *Comment vous savez que j'ai fait de la montagne ?* »
« Parce que vous portez des lunettes identiques à celles que j'ai acheté lorsque j'étais jeune, lors d'un séjour à la Bérarde. »
« *Je ne sais pas comment vous avez fait pour le savoir, mais j'ai fait de la montagne pendant 65 ans. Ce sont des lunettes de glacier.*»
« Oui je sais, c'est pour cette raison que je les avais achetées. Vous étiez plus massif du mont Blanc ou massif des écrins ? »
« *Le mont blanc, les écrins, les dolomites, au canada, dans certains pays de l'est...Je n'ai jamais arrêté.*»
« Vous avez écrit un livre ? »
« *Non j'ai juste tenu mon carnet de courses.* »
« Je vous remercie, bonne promenade. »
« *Oui merci, maintenant je me promène sur du plat, ce n'est plus comme avant.* »
« Vous connaissez bien le coin ? »
« *Ça fait longtemps que je ne suis pas venu, je ne sais plus très bien.* »
« Alors pour rester sur du plat, prenez à droite, car le chemin de gauche descend et vous serez ensuite obligé de remonter. »
« *Je vous remercie. J'ai maintenant 90 ans. Et je ne suis pas sorti de tout l'hiver à cause d'ennuis. C'est pour ça que ça ne va pas vite.*»
« Bonne balade monsieur. »
« *Bonne balade vous aussi, merci.* »

Madame, le muguet est sorti

Après quelques courses dans le quartier, je rentre. Avec mon filet et mon short je ne sais pas de quoi j'ai l'air, mais peu importe. Il est bientôt 19 heures, heure à laquelle chacun doit rentrer chez soi. Une femme remonte la rue et on va se croiser dans quelques instants.

Elle a entre 50 et 60 ans. Vêtue d'un pantalon vert pomme et d'un chemisier d'un vert plus clair avec des fleurs, elle semble avoir le moral et marche sans se presser, mais avec assurance.

Dans sa main gauche, elle tient un bouquet de fleurs contenu dans un papier blanc, genre crépon. Les fleurs tendent vers le jaune de Naples, auquel je suis particulièrement sensible. Son visage semble très calme et reposé.

Je me dirige vers elle, exprès, en diagonale, car nos trajectoires normales ne nous permettraient pas de nous croiser de près. Et elle fait un peu la même chose.

J'imagine qu'elle aime les fleurs, puisqu'elle en tient un bouquet dans la main. Alors je m'approche :

« Madame, il semblerait que vous aimez les fleurs alors je dois vous dire que le muguet est sorti. »

J'en ai effectivement cueilli un brin avec deux clochettes cet après midi lors d'une promenade en forêt. Il a fait chaud ces derniers jours.

« Je vous remercie, mais regardez les fleurs, ce sont des jonquilles. Elles sont très belles, avec du rouge à côté des pétales. »

Elle a un grand sourire et me parle avec chaleur, presque comme si on se connaissait.

« Oui c'est vrai, mais vu comme vous êtes habillée, avec votre bouquet, on pourrait faire une photo, vous avec les couleurs de vos vêtements et avec les fleurs ce serait très bien.»

« Merci, les fleurs m'ont été offertes. » ajoute-t-elle avec un grand sourire.

« Ça ne m'étonne pas qu'on vous offre des fleurs. » lui dis je avec un grand sourire.

« Bonne soirée madame. »

« Bonne soirée monsieur. » avec un sourire.

Elle avait l'air heureuse. Elle est peut être amoureuse ?

C'est vrai qu'une photo aurait été certainement très belle. On se contentera donc d'une image mentale qui, très souvent, laisse plus de traces qu'une photo. J'en sais quelque chose pour avoir quelques images en tête qui ne m'ont jamais quitté.

Vous essayez de vous infiltrer ?

Beaucoup de monde aujourd'hui au magasin du coin. Chacune des caisses a une file d'attente de 6 à 7 personnes qui attendent leur tour. La plupart des clients ont peu de choses dans leur panier et l'ambiance reste détendue.
Arrive un homme d'environ 60 ans avec quelques courses dans les mains. Il a l'air de ne pas trop savoir ce qui se passe et observe bien les files d'attente.
A un moment, après quelques hésitations, il se poste près de moi, sachant que je suis derrière deux personnes et que derrière moi il y en a 4.
Derrière, un homme commence à grommeler, ça pourrait bien tourner à une explication… Je tente un désamorçage.

« Bonjour monsieur, si je vois bien ce qui se passe, vous essayez de vous infiltrer discrètement pour gagner du temps et passer plus rapidement à la caisse. » lui dis je avec un air détendu comme si je le félicitais de son stratagème.
Il me regarde d'un air surpris, puis réfléchit quelques secondes.
« *Oui c'est vrai, monsieur* » ajoute-t-il calmement, avec un petit air coupable, mais ne renonçant pas à sa tentative d'intrusion abusive.
« C'est bien ce qui me semblait. » lui dis-je, puis j'ajoute :
« J'ai un plan pour que vous puissiez vous infiltrer. »
« *Ah bon ?* »
« Oui. Vous pouvez aller vous infiltrer derrière les personnes qui sont derrière moi, vous verrez ça ne posera pas de problème. Mais faites le discrètement, comme ça on ne verra rien.»
« *Ah oui.* »
Et de ce pas il va se placer derrière la file d'attente.

Je suis perdue.

A quelques dizaines de mètres devant nous qui circulons à vélo, deux femmes semblent expliquer quelque chose à une troisième.
En s'approchant je m'arrête.
« Quelqu'un semble perdu. » leur dis-je.
« Oui c'est madame qui cherche un lieu qu'elle ne trouve pas. »
« Je peux peut être vous renseigner ? »
« *Merci, je cherche le champ Bochard.* »
« Ça ne me dit rien. » En regardant les deux autres femmes je vois qu'elles ont sorti leur téléphone pour chercher.
« Je vais regarder sur internet. »
Je prends mon téléphone et trouve ce lieu sur une commune située à quelques kilomètres d'ici.
« Vous n'y êtes pas, ce n'est pas ici. »
« *Pourtant ça ne doit pas être loin. J'ai fait 2000 km à pied sur les chemins de Compostelle et il me reste un tronçon à parcourir et qui va de ce lieu jusqu'à Genève.* »
« On va trouver, ne vous inquiétez pas. J'ai une idée. Vous allez appelez un ami, Thomas Pesquet[3], vous devez le connaître. Il devrait pouvoir vous renseigner, il aura une vue imprenable au dessus d'ici. » Les deux dames sourient sans retenue.
« *Non je ne le connais pas.* »
« Pourtant il va rejoindre aujourd'hui ou demain, la station spatiale internationale, il aura donc une vue d'ensemble. Il pourrait vous guider. Sinon, comme c'est pour trouver les chemins de Compostelle, trouvez une église et faites une prière, vous pourriez être exaucée. »
« *Ah vous savez Dieu n'a pas que ça à faire.* »
« Alors vous, vous savez comment Dieu utilise son temps et quelles sont ses activités. Vous ne devez pas être n'importe qui. »

---

3   Mais je ne connaît pas Thomas Pesquet personnellement.

« *En même temps être perdue ça permet de rencontrer des gens et de parler. C'est vrai que j'ai rencontré des gens exceptionnels durant mes marches.* »
« Comme ces deux personnes qui ont essayé de vous renseigner. » lui dis je en regardant les deux femmes qui avaient commencé à lui répondre.
« *Oui par exemple. Et en même temps ça fait un moment que je n'ai pas rencontré grand monde et vous m'avez fait rire. Ça m'a fait du bien car ce n'est pas souvent en ce moment.*»
« Mais si ce lieu ne se laisse pas trouver facilement c'est peut être à cause de son nom, Bochard. Vous êtes sûre que ce n'est pas cabochard ? »
Là tout le monde rigole.
On a fini par trouver la direction qu'elle devait prendre pour rejoindre le point de départ et on se salue.
« Bonne journée. »
« *Bonne journée.* »
Nous continuons notre route à vélo.
Comme elle était en voiture, elle a dû faire demi tour.
En passant à notre hauteur, elle a klaxonné presque comme pour un mariage. Vitre ouverte, elle nous a fait un grand sourire avec un signe de la main. Elle avait au moins 80 ans, un visage affûté, un regard perçant, un sourire agréable et pas un gramme de trop à transporter pendant ses marches. Elle portait un ensemble beige et un chapeau dans les mêmes tons.

Vous tenez le mur ?

L'après midi touche à sa fin en ce dimanche ensoleillé. En rentrant d'un petit tour à pied, je croise un groupe de 3 personnes sur le trottoir, en train de discuter. L'ambiance semble au beau fixe. J'approche.
« Vous tenez le mur en équilibre ? » dis je à l'homme qui était adossé au mur, un pied au sol et l'autre plaqué sur le mur.

Ça amuse les trois et l'homme me répond.
« *Oui, mais j'ai bientôt fini, vous prenez le relais ?* »
Les deux autres éclatent de rire.
« Bravo pour votre réponse, c'est ce qu'on appelle l'arroseur arrosé. »
« Passez une bonne fin de journée. »
« *De même pour vous* »

Écartez les bras

Magasin bio aujourd'hui. Quelques légumes feront l'affaire. C'est bientôt mon tour et je m'approche de la caisse.
A ce moment là arrive un homme, grand, avec les bras remplis de victuailles. Ses deux bras sont tellement chargés que l'équilibre semble précaire. Il a pourtant un sac à dos, mais il n'y met rien. La caissière s'adresse à moi :
« *Allez y monsieur.* »
« Non, je crois que je vais laisser passer ce monsieur à qui je vais d'abord demander d'écarter les bras, s'il n'y voit pas d'inconvénient. Il me fait pitié avec ses bras remplis. »
« Monsieur, allez y passez. »
L'homme en question sourit largement et décline mon offre. Mais j'insiste et il finit par déposer ses victuailles sur le comptoir, payer ses courses et les ranger dans son sac à dos.
Vient mon tour, et j'en arrive bientôt à payer mes courses.
Je l'aperçois sur la porte de sortie qui est à ouverture manuelle. Il la tient ouverte.
« Si c'est pour moi que vous tenez la porte je vous remercie, vous pouvez y aller. »
« *Ah non, c'est le minimum que je vous tienne la porte. Prenez votre temps pour payer, je reste là.* »
Il est resté près d'une minute pour me tenir la porte ouverte.
Une fois sur le trottoir, nous nous saluons.
« *Au revoir monsieur et bonne journée* »
« Merci, pour vous également. »

Elle pleure

L'après midi touche à sa fin. Une sortie dans les bois, en vélo, nous a fait du bien. Nous approchons doucement du parking.
Un petit attroupement de 4 à 5 personnes semble discuter au pied d'un chêne. Je m'approche.
« *Monsieur on va avoir besoin de vous.* » me dit une femme.
« Besoin de moi, pour quoi faire ? »
« *Le chien de madame vient de tomber par terre et il ne bouge presque plus.* »
Au sol gît un chien, d'une trentaine de kilos, au poil gris foncé et il respire faiblement.
La jeune femme qui semble être la propriétaire est dans tous ses états. Elle pleure et ne sait plus quoi faire. On lui dit d'aller chercher une couverture, si elle en a une, pour le transporter dans sa voiture. Elle y va puis revient avec ce qu'il faut.
Deux personnes se chargent de placer le chien sur la couverture, puis nous nous mettons à 4 pour le transporter à sa voiture.
« *Appelez un vétérinaire. Et conduisez le vite, il est mal en point mais si vous ne tardez pas il s'en sortira.* » précise un homme qui visiblement connaît un peu le sujet.
La femme d'une quarantaine d'années est secouée, elle a les larmes aux yeux. Elle regarde son chien avec une très grande tristesse. Elle le caresse et lui retire les feuilles mortes qui sont venues se mettre sur son pelage.
« Ne passez pas trop de temps à enlever les feuilles, conduisez le chez le vétérinaire. » lui dis je.
Mais elle doit avoir besoin de témoigner à son animal qu'elle prend soin de lui. Alors elle le nettoie et je n'insiste pas. C'est peut être les derniers moments qu'ils auront ensemble.
A coté d'elle, une jeune fille d'une dizaine d'années, sa fille ou pas, ne montre aucune émotion.
« *Je vous remercie* » nous dit la femme ; puis elle monte dans sa voiture. Elle part pour le vétérinaire. C'est à 4 kilomètres.
Avec les personnes qui ont participé, l'hypothèse concernant l'avenir du chien est sombre.

« Elle nous a dit que son chien avait 13 ans. C'est vieux pour un chien. Moi j'en ai eu un qui est mort dans mes bras. C'est pas toujours facile. » dit en conclusion un homme d'une soixantaine d'années qui a participé au transport de l'animal.
« Bonne fin de journée. »
« Bonne fin de journée. »

Cendrillon c'est vous

Ce dimanche matin, je vais poster deux lettres, une à Christiane, une amie d'enfance de ma mère et une à Christian, écrivain ayant publié au moins 20 livres[4]. Nous sommes le 9 mai, dans les rues piétonnes. Une Harley Davidson noire, avec des chromes un peu partout, est garée. Ça n'a jamais été mon rêve. Je m'arrête quand même pour la regarder. L'instant d'après un couple s'approche. Ils semblent être les propriétaires, ce qui se confirme.
Tous deux sont quinquagénaires. Madame mesure environ 1m60, cheveux courts, souriante. Lui est barbu et semble dynamique.
Je m'adresse à la femme d'un air assuré et souriant :
« Cendrillon c'est vous, ça ne fait pas de doute. »
Elle sourit et me confirme par un hochement de la tête et des yeux rieurs que c'est effectivement le cas.
Puis je m'adresse à l'homme :
« Je ne l'ai pas vu souvent cette moto. Vous venez de loin ? »
« Je suis d'ici, mais on ne me repère pas facilement, car je change tous les ans. »
« Bonne journée. »
« Bonne journée. »

---

4   20 livres c'est le nombre d'ouvrages et non pas leur poids.

Venez prendre le café

« Bonjour »
« Bonjour »
« Qu'est ce que vous faites avec une pioche à la main en ville ? »
« Je jardine, je fais le petit coin qui est au pied de l'immeuble. J'ai besoin de gratter la terre. »
« Bravo, c'est beau. »
……..

« Vous vous souvenez, vous m'aviez demandé la lettre que je comptais envoyer à Christian Bobin. J'ai fini par lui écrire. Une lettre de 6 pages. Eh bien il vient de me répondre. Ça a été une surprise. »
« Je savais qu'il allait vous répondre, je n'en doutais pas. Vous avez écrit à son éditeur ? »
« Non directement, je sais où il habite. »
…………………..
« L'autre jour lorsqu'on s'est croisés, vous m'aviez dit de venir frapper à votre porte. Je n'ai pas osé. »
« Vous auriez dû, je vous l'avais dit. Alors si vous voulez, venez prendre le café. Ce n'est pas quand on sera morts qu'on pourra échanger. »
« Ce serait avec plaisir, dites moi ce qui vous arrange. »
« Venez demain après midi, le matin je ne peux pas, je vais à la messe. »
« C'est d'accord mais vers quelle heure ? »
« Venez vers 14h30, avec votre fils s'il a envie. »
« C'est d'accord, mais il faut que je vous dise, j'ai tapé votre nom sur internet et j'ai vu que vous étiez philosophe et que vous jouez du violon. »
« Et vous vous êtes ….. » Elle a regardé aussi.
Dimanche à 14 h 35 passés je sonnais à l'interphone et nous sommes restés jusqu'à 16h30. Le thé vert était excellent. Les biscuits délicieux et la brioche croustillante.

Un après midi d'une grande paisibilité. Un intérieur tenu propre, un parquet en châtaignier et un goût pour les belles choses. Une maman qui a peint.
« Vous pouvez jouer quelques notes de violon, ça me ferait plaisir de l'entendre. »
« *Normalement je devrais m'échauffer avant. Mais c'est d'accord.* »
Alors elle a joué quelques notes. Puis elle a proposé au fiston d'essayer. Elle lui a passé son violon et lui a expliqué comment procéder….Un vrai moment de bonheur.
Elle m'a fait circuler dans son appartement pour me montrer les peintures de sa maman.
Je vais donc l'inviter avec son compagnon dont elle m'a parlé en bien mais qui n'était pas là aujourd'hui.
Puis au moment de partir elle me dit que ce serait à refaire.
« Oui mais on se croise peu, ce sera le hasard. »
« *Vous avez raison, si on veut le prévoir il faut pouvoir se contacter. On s'échange les téléphones ?* »
« Oui pas de problème. »
Le soir une fois rentrés, je lui envoie un message vers 18 h.
« Merci de ce bon moment. »
Sa réponse arrive vers 19h.
« *Merci à vous et à très bientôt* »
On verra surtout quand je les inviterai. Il faut que ce soit courant mai. Fin avril je lui envoie un message :
« Venez prendre le café avec votre compagnon dans un week-end en mai…. »
Réponse 2 mn après :
« *C'est adorable, avec plaisir mais nous sommes en isolement jusqu'au 10 mai.* » Ils ont la covid.
Plus tard lorsqu'on s'est recroisés, elle et son compagnon, elle m'a indiqué qu'il aurait pu mourir.
Finalement ils nous ont invités à souper un soir avec leurs amis. Très bon moment.

Merci pour les roses (16/06/21)

Sortant d'une menuiserie afin de caler un rendez vous, je reprends la route en deux roues.
Approchant d'un passage piétons, j'aperçois une dame d'une cinquantaine d'années, vêtue d'une longue robe bleue à rayures verticales blanches qui s'engage sur ce dernier pour traverser.
Je freine et m'arrête pour la laisser passer. Au moment où elle s'approche elle me montre un bouquet de roses et me fait signe qu'elle va passer derrière moi. Je me serais donc arrêté pour rien ?
« Madame, vraiment je vous remercie pour les fleurs, je n'aurais pas cru, surtout venant de quelqu'un que je ne connais pas, encore merci. »
Son visage s'est subitement éclairé d'un grand et très beau sourire.
Un croisement comme celui là vous embellit une journée. Ça dure quelques secondes, mais c'est important.
Et pourtant j'en croise souvent des passages piétons, mais pas des femmes à robe bleue avec des roses.

J'ai rencontré Teddy Smith ? (août 21)

En courses ce matin, je croise un homme d'une cinquantaine d'années, apparemment très en forme, visage avenant et de corpulence musclée. Il mesure environ 1m75. Il porte un tee shirt orangé sur lequel est imprimé ou brodé « Teddy Smith ». Nos regards ne se croisent pas.
« Teddy Smith, incroyable, Teddy Smith qui fait ses courses dans un magasin en pleine campagne. C'est mon jour de chance. »
Surpris ou démasqué il me regarde un peu surpris, avec un sourire :

« *Oui c'est moi[5] et comme c'est votre jour de chance, je vous signe un autographe si vous avez un feutre.* »
« Je n'en n'ai pas. »
« *Alors on peut se retrouver à la caisse, ils en auront un.* »
« Merci, je termine mes courses et on se croisera peut être à la caisse. »
On ne s'est pas revus. Ça nous a mis de bonne humeur. Il devait être très occupé.

A mon avis vous avez un coup dans le nez (août 21)

Aujourd'hui je dois me rendre à la pharmacie Madeleine[6]. Il est environ 17 heures ce samedi. Il fait chaud et le soleil en rajoute sur le parking de la place du même nom, à Beaune. Je ralentis pour me glisser en marche arrière entre deux voitures. J'ai été un peu rapide et pense ne pas être bien rangé. Je sors pour regarder. Deux jeunes entre 20 et 30 ans, debout vers la voiture d'à coté, discutent tranquillement. Effectivement, je ne suis pas garé bien droit.

« Il va falloir que je me gare correctement, pourtant je n'ai pas encore bu quoi que ce soit. » lançai-je.
Les deux jeunes sourient.
« *Buvez un petit coup et ça ira tout seul* » me répondent-ils.
« Pas sûr » leur dis-je.

On est au cœur de la bourgogne. Le vin est partout. Ils finissent par partir à pied en direction du centre ville.
Je me gare à nouveau, proprement, et rejoins ensuite la pharmacie située à environ 200 mètres.
En entrant j'aperçois un jeune homme qui a les larmes aux yeux. Il ne semble pas pleurer mais a les yeux bien rouges.

---

5   Faux: Teddy Smith était américain, contrebassiste de jazz, mort en 79
6   Madeleine n'est pas ma compagne, c'est le nom de la pharmacie.

« Bonjour. Mais je vous reconnais, on s'est croisé sur le parking. »
« *Oui* » balbutie-t-il en continuant à s'essuyer les yeux.
« Qu'est ce qui vous arrive ? »
« *Je me suis fait tester pour le covid.* »
Je le regarde avec un petit sourire et ajoute :
« Tester, tester… pas sûr ! Vous avez un coup dans le nez et pi c'est tout. »
Instantanément il se met à rire, sans pouvoir s'arrêter, même avec ses yeux mouillés.

En regardant sur la gauche, au fond d'une alcôve, j'aperçois son ami, qui, assis sur une chaise, est en train de se faire tester. Visiblement il est également perturbé par le coton tige. Il se plie et se tient la tête entre les mains. Je dis à celui qui est debout à côté de moi, qui commence à se déplier et n'est pas encore remis de son éclat de rire :
« Visiblement lui aussi il a un coup dans le nez. Les gars c'est pas bien sérieux. »
Là il n'en peut plus. Il redouble, surtout en regardant son ami qui le rejoint avec les yeux rouges et la tête entre les mains. Il lui lance : « *Toi t'as un coup dans le nez.* »
L'autre se met instantanément à rire en s'essuyant les yeux et en sortant un petit juron que je ne citerai pas ici.
Finalement, le premier me demande avec un grand sourire :
« *Vous êtes d'ici ?* »
« En quelque sorte oui, mais j'habite ailleurs. » Je lui précise l'endroit.
« *Ah c'est super comme coin, j'y ai travaillé plusieurs fois, et j'ai beaucoup aimé.* »
Finalement :
« Bonne fin de journée et bonne soirée si vous êtes négatifs »
« *Oui, merci, c'est ce qu'on espère. Bonne soirée.* »

Excusez moi, je ne vais pas pouvoir rester (08/21)

Il est bientôt 19 heures en cette fin d'après-midi un peu chaude. Une tendance orageuse a été annoncée.
Ce soir, restaurant. Nous sommes à Chagny, sur la place où se situe le restaurant Lameloise et où trône fièrement un grand coq de métal rouillé. Nous nous dirigeons vers une brasserie sur cette place. Les tables en terrasse sont à l'ombre. Sur le côté du restaurant, une fresque murale est peinte avec la route des vins de Dijon à Mâcon. Mention est faite de tous les villages connus pour leurs vins.

Une femme d'une cinquantaine d'années se tient debout devant cette fresque et au moment où je passe elle me dit :
« C'est dommage qu'il n'y ait pas de commentaires. »
« Madame si vous le souhaitez je peux tenter de répondre à vos questions. »
Son regard est calme et réfléchi. Des yeux apaisants. Ses cheveux sont mi-longs, de couleur mixte blond/gris. Elle est vêtue d'une chemise et d'un pantalon.
« *Vous êtes de la région ?* »
« Oui, même si je n'habite pas ici à l'année. Je connais assez bien cette région. »
« *On m'a dit que le prix des vins était fonction de la pente de la vigne. Est-ce vrai ?* »
« Ce n'est pas seulement cela qui détermine le prix. Il y a des grands crus en zone plate et des grands crus en zone pentue. Ça dépend à qui vous avez posé la question et dans quelle commune. Car la géographie des lieux, leur orientation ainsi que la composition du sol en surface et en profondeur sont des paramètres qui sont pris en compte pour chaque parcelle. »
« *Ce matin on est allé à Meursault puis à Mercurey où on a voulu acheter du vin. On voulait aller au caveau mais on ne l'a pas trouvé. Finalement on est allé chez un viticulteur. C'est un village qui ne semble pas être très commerçant.* »

« Détrompez vous, les viticulteurs de cette commune commercent bien, mais pas forcément avec les gens qui passent. Ils exportent, vendent aux restaurateurs et à l'international. Le caveau est là pour ceux qui sont de la région ou de passage. Leur choix en rouges est assez large et ils ont quelques blancs très bons. Pour information, Mercurey est la commune qui contient la plus grande superficie de rouge en bourgogne. Les autres communes ont des superficies plus petites. Je pourrais vous en raconter encore sur cette commune qui est issue de la fusion de trois villages...»
« En plus on voit que c'est une région qui n'est pas un piège à touristes où on essaie de nous vendre des babioles sans intérêt. Et c'est aussi très calme, c'est impressionnant. Vous êtes en vacances ?»
« Oui je suis là en ce moment pour des vacances. Je passe dans tous les endroits où ma mère a peint. J'essaie de photographier chaque lieu. Elle a peint durant toute sa vie. »
« C'était son métier ? »
« Non mais ça aurait pu. Elle a exposé et vendu. Si vous voulez voir ce qu'elle a fait, j'ai un livre dans la voiture, à quelques pas d'ici. Je peux aller le chercher. »
« Et vous vous peignez ? »
« Oui mais c'est comme on dit 'confidentiel'...on verra ce que ça deviendra plus tard, ou pas. »
Soudain, son visage change d'expression. Plus de sourire, plus d'yeux paisibles et de calme. Que se passe-t-il ?
« Excusez moi, je ne vais pas pouvoir rester, mon mari m'attend. Il est énervé, de mauvaise humeur et en plus il est jaloux. »
« Je comprends, mais venez avec lui si vous voulez. »
« Ça ne sera pas possible, bonne soirée monsieur. »
« Bonne soirée madame. »

Elle a senti qu'elle prenait des risques de voir sa soirée gâchée si elle restait plus longtemps à discuter avec moi.

Comme ils prenaient leur repas dans le restaurant d'à côté, à une dizaine de mètres, j'ai bien pris soin de ne pas regarder dans leur direction. Pas pour moi, mais pour elle, pour eux.

Vous n'êtes pas des moutons (3/9/21)

Aujourd'hui je prépare une sortie où doit se tenir tout le week-end un salon intitulé « le livre sur les quais ».
Après m'être procuré un aller retour par bateau, je rentre. Au moment de démarrer, un groupe d'une vingtaine d'enfants de 6 à 7 ans commence à traverser devant moi. J'attends donc un peu, mais au moment de démarrer, un autre groupe arrive à la suite. Je vais donc patienter encore un peu.
La rentrée scolaire c'est aujourd'hui. Les professeures des écoles me remercient d'un signe de la main.
« *Merci de nous avoir laissé passer.* » avec un grand sourire.
« Pas de problème, j'ai le temps. C'est comme quand on croise des moutons sur la route. » lançais-je.
Les enfants ont entendu, comme les adultes. L'un d'eux s'exclame au milieu des autres :
« *On est des moutons.* »
« Non vous n'êtes pas des moutons. » leur dis-je en réponse.
Soudainement, l'un d'eux commence à bêler, tout seul :
« *bbèèèhèè....bbèhèèè....* »
Les autres se mettent à l'imiter immédiatement. Ils sont presque une vingtaine à bêler comme des moutons en continuant de traverser la route.
« *bbèèèè.....bbèhèè.....bbèèèè.....bbèhèèè....bbèèèh...bèèè....b èèèè...bèèèèè....bèèèè....bhèèhè....bèhèèè...* »

Bien que surpris et heureux de l'animation déclenchée, je suis un peu dépité. J'ai peur de les avoir conditionnés, ou alors c'est la nature humaine. Leur aurai-je permis de découvrir leur nature profonde ou se sont-ils révélés à eux mêmes.
Je ne saurai jamais.

Ne le faites pas trop boire, c'est pas bon

Quelques courses en cette fin de journée. Des carottes, des betteraves rouges, du poisson surgelé et des crèmes glacées, au café, chocolat et vanille feront l'affaire.
A la caisse, une dame est postée devant moi avec un sac de courses bien rempli.
Elle se retourne vers moi et d'un coup d'un seul me dit :
« *Oh j'ai oublié quelque chose , excusez moi. Vous pouvez passer devant si vous voulez.* »
« Non ne vous en faites pas, prenez le temps, je ne suis pas pressé. » Évidemment comme elle a un visage sympathique, et qu'elle a le sourire, je préfère attendre qu'elle revienne.
Au bout d'une à deux minutes elle revient, avec une bouteille de type flacon de parfum dans la main.
« Vous avez raison, n'oubliez pas le liquide vaisselle. » lui dis-je.
« *C'est pour mon mari* » répond-elle.
« Ne le faites pas trop boire, ce n'est pas bon pour sa santé. »
« *Je sais, vous avez raison.* »
Elle paye son dû et quitte la caisse en m'adressant un grand sourire accompagné de :
« *Bonsoir monsieur.* »
« Bonsoir madame. » et je lui retourne le même sourire.

Je me sentais bien avec elle. Un instant positif.
Le flacon, c'était du whisky…. Pourquoi elle y a pensé en me regardant ? Toutes les hypothèses sont permises…..ou pas.

Une vie sans pépin ?

Ce samedi, muni de mon billet acheté la veille, je me rends au salon du livre côté suisse. J'ai regardé le programme et quelques auteurs que j'apprécie, surtout un, sont présents.
J'y vais en bateau.

Arrivé vers midi, je découvre que le pass ou un test est obligatoire pour entrer dans l'enceinte du salon. J'ai le pass, alors je me détends. Mais ils ne réussissent pas à scanner le QR code.
« Monsieur on est désolés, si vous voulez rentrer il vous faudra passer un test antigénique. Vous pouvez vous rendre près du château, vers la première tente à gauche. C'est gratuit et ça prendra 15 à 20 minutes. »
Je m'y rend, c'est à environ 200 mètres.
« Bonjour monsieur »
« Bonjour, vous pouvez me tester ? Mon QR code français n'est pas reconnu par vos scans. »
« Pas de problème, vous vous appelez comment ? »
- - - - - - - - etc.
Puis 15 minutes après le résultat arrive.
« Monsieur on a votre résultat. »
« Si c'est positif vous me remettez dans le bateau ? »
« Non on vous jette à l'eau. »
« Bonne idée, il me restera une bonne distance à parcourir à la nage, mais ça fait quand même loin pour l'autre rive. »
« Non, c'est bon vous êtes négatif, profitez bien de votre journée » ajoute le jeune homme qui était au clavier. Aux autres il disait *« amusez vous bien »*. Pour un salon du livre c'est une drôle de formule.
Me voilà arpentant le salon avec la partie librairie, sous tente, blanche, de près de 150 à 200 m². L'après midi sera le créneau des dédicaces sous une autre grande tente blanche également. Ce n'est pas tant la dédicace qui m'intéresse que de parler un court instant avec des auteurs.
Je croise un espace de conférence, mais ne m'y arrête pas. Le conférencier n'est pas mon préféré.

Un peu plus loin j'aperçois une jeune femme sans personne devant elle. Ses livres sont posés devant elle. Elle me fait un peu pitié.
« Bonjour »
« Bonjour monsieur. »

« Je profite qu'il n'y ait personne pour vous demander ce que vous écrivez. »
« *J'écris des poèmes.* »
« Je peux voir ? »
« *Oui allez y. Vous lisez des poèmes de temps en temps ?* »
« Non, jamais. »
« *Regardez.* »
Là je suis saisi par un texte sans aucune signification pour moi. Pas de ponctuation, des retours à la ligne qui coupent la phrase s'il y en a une…etc… Bref, ça sent le hiéroglyphe… pas pour moi. Je ne suis pas Champollion.
« Madame, je crois que si je le lis, je risque de perdre la boule. Je ne suis pas habitué. Mais je vais vous l'acheter quand même. Vous me ferez une petite dédicace ? »
« *Oui, pas de problème.* »
Et elle se lance avec un crayon de papier, du H, voire 2H ou du 4H car c'est très peu contrasté. *« Pour vous cette proposition de lire comme tout bouge avec curiosité. »*
J'espère que si je me mets à le lire je ne devrai pas consulter un psychologue pour me remettre en ordre de marche. On verra. J'ai tenté une lecture ultérieurement, mais en vain… rien.
Ensuite je rejoins le stand d'un écrivain qui a écrit « La rencontre » paru début 2021. Je me suis procuré ce livre au moment où j'ai imprimé le premier tome des « rencontres improvisées », en mars 2021.
En famille on a blagué en disant qu'il m'avait fait de l'ombre, car il avait choisi de publier deux mois avant moi sur le même sujet. C'était comparer l'incomparable. Son ouvrage : une somme de travail de lecture, de recherches, de prise de notes, de mise en forme et de rédaction… etc.. etc.. avec une organisation très claire et accessible complétée par une riche bibliographie.
Un livre à saluer…. qui pèse 310 grammes.
Le mien, pas de recherche bibliographique ni de références. Il pèse 155 grammes (la moitié), donc ne pèse pas lourd par rapport au sien. Mais poursuit-il le même objectif ?

Dans la file d'attente, je suis au pied du podium, quatrième. A chaque personne qu'il reçoit, il me lance un regard pendant une seconde, soit environ 4 fois. Ça m'a un peu étonné. Ça faisait comme si « attention j'arrive » ou « qui c'est celui là ? »
Finalement mon tour arrive.
« Bonjour »
« *Bonjour monsieur* »
« Je voulais vous rencontrer pour deux raisons : déjà vous m'avez fait de l'ombre sans le vouloir, c'est ce qu'on dit avec beaucoup d'humour dans mon entourage, et ensuite j'aimerais une dédicace de votre livre sur la rencontre, que j'ai beaucoup apprécié. »
« *Ah bon, et pourquoi de l'ombre ?*»
« Parce qu'au moment où vous avez publié votre livre « La rencontre », je sortais le mien dont le titre est « rencontres improvisées ». C'est donc avec un humour léger et sans prétention que je vous l'offre gracieusement. » Et je lui remets.
« *Je vous remercie, et ça parle de quoi ?* »
« Ces 'rencontres improvisées', de courte durée, sont plutôt des croisements au quotidien dans la vie de tous les jours. Et j'ai écrit ces courts moments. »
Il feuillette le livre.
« *En plus vous parlez de Bobin.* » me dit-il en me regardant avec un sourire. Je sais qu'il l'apprécie. Il avait deux chances sur 100 de tomber sur Bobin, car je le mentionne deux fois. Ensuite il pose le livre à côté de lui et prépare une dédicace. Il la libelle ainsi .
« *Pour Christophe, qui connait les rencontres, surtout improvisées !* »
« Je vous remercie. Bonne fin de journée. »
« *Vous également, bonne fin de journée.* » répond Charles Pépin en se préparant à accueillir le visiteur suivant.

C'est vous, Victor Hugo ?

« Monsieur, c'est vous, Victor Hugo ? »
Deux gaillards de trente ou quarante ans marchent côte à côte d'un pas décidé en discutant. On va se croiser.
Celui à qui je m'adresse me regarde et s'arrête de marcher.
« *Pourquoi vous me dites ça, non c'est pas moi.* »
« J'ai cru que c'était vous parce que sur votre tee-shirt c'est écrit HUGO . »
« *Ah oui j'avais oublié* » dit-il en relisant son texte.
« Excusez moi, mais c'est quand même vous le patron . ! »
« *Moi le patron ?* »
« Oui c'est marqué Hugo Boss, Boss c'est le patron. »
« *Ah bon, si vous le dites.* »
« Ne m'en voulez pas, avec bonne humeur, je salue souvent les gens qui ont des tee shirts avec des inscriptions, avec le texte qui est écrit dessus. Je vous souhaite une bonne journée. »
« *Bonne journée monsieur* »
Ils ont repris leur marche avec le sourire.

Madame, si vous cherchez la gare c'est par là

Dimanche matin. Les bananes m'attendent sur le marché. Je les apprécie en fond de tarte aux pommes ou poires. C'est de la gourmandise. Il fait beau, il est près de midi. Pas de vent, pas de bruit. Une journée agréable en perspective. A quelques mètres devant moi, une femme d'une cinquantaine d'années vêtue d'une longue robe à fleurs, en viscose, se tient debout à côté de deux gros sacs de sport ou de voyage posés à même le sol.
On dirait qu'elle attend quelque chose ou quelqu'un.
Puis en arrivant à sa hauteur :
« Madame si vous attendez le train, la gare c'est par là. » lui dis je alors qu'elle avait le dos tourné.

Elle se retourne d'un coup et éclate de rire.
« Oui il ne passera pas ici, il faut remonter cette rue et vous y serez presque. »
« Je n'attends pas le train, j'attends ma nièce. »
« Je me suis fait du souci pour vous, mais vous me rassurez, alors passez une bonne journée. »
« Vous aussi monsieur, passez une bonne journée. » ajoute-t-elle avec un grand sourire.
Je continue jusqu'au marché, y achète quelques bananes et rentre à pied par le même chemin….
Arrivé à une vingtaine de mètres de l'endroit où je l'avais vue à l'aller, je l'aperçois de nouveau. Elle me tourne le dos. Je continue d'avancer jusqu'à arriver près elle :
« Ah je vois que le train a du retard. » lançais-je sur un ton amusé.
Elle se retourne avec un grand sourire et ajoute :
« Non il arrive. C'est ma nièce, regardez comme elle est belle. » …D'un regard orienté dans sa direction, et avec fierté, elle me montre sa nièce qui s'approche en marchant, dans la rue d'en face. D'une trentaine d'année, brune, elle porte une grande robe blanche en coton ou en lin et marche d'un pas détendu et assuré.
« Oui vous avez raison, elle est belle et en plus elle a dans les bras une belle boite rose certainement pleine de gâteaux. Le dessert va être excellent. »
« Oui c'est vrai. »
« Passez une bonne journée » ajoutai-je en continuant ma route et en lui tournant le dos.
« Vous aussi monsieur »
« Merci. »

C'est par où la rue des italiens ?

Ce dimanche matin je discute avec des voisins, dans la rue. Lui je le connais, mais elle je ne l'ai jamais vue. Bref on refait le monde, et on échange sur ce qui pourrait aller mieux et à quelles conditions.
Arrive une voiture, une VW noire. Elle stoppe à notre hauteur. Un jeune homme est au volant. Il a le sourire. Il baisse la vitre côté passager jusqu'en bas et s'adresse à nous :
« Bonjour, vous pouvez me dire où se trouve la rue des italiens ? »
Comme elle se trouve à près d'un kilomètre d'ici je réponds :
« Remontez la rue puis prenez la direction du Vatican. Une fois au deuxième rond point, prenez à droite et roulez environ 500 mètres. Vous serez presque arrivé. »
Il a eu l'air étonné mais n'a pas perdu son sourire.
« *Merci, au revoir.* » et il est reparti.

Rentrez chez vous !

Hier il y avait 17 degrés dehors, ce qui est exceptionnel pour un mois de janvier. Mais après que le vent ai soufflé une bonne partie de la nuit, la température ce matin est redescendue aux alentours de 4 à 5°. Je sors faire quelques courses.
« *Rentrez chez vous !* »
Une voisine que je vais croiser s'adresse à moi de manière péremptoire.
« Qu'est ce qui se passe, bonjour. » lui dis-je.
« *Rentrez chez vous il fait très froid et je suis frigorifiée.* »
« Mais vous n'avez rien autour du cou, c'est par là que vous vous refroidissez. »
« *Et vous vous n'êtes pas assez habillé.* »

« Je ne vais pas loin et m'habille comme je veux. Si vous avez froid, restez chez vous et tricotez vous une écharpe. Allez, bonne journée.»
Il y a souvent des maladresses pour s'adresser à autrui même quand on lui veut du bien. Sans doute voulait-elle que je n'attrape pas froid ? On n'est pas partis fâchés.

Dites donc, vous pourriez prévenir ! (09/2021)

Aujourd'hui je croise une voisine dans la rue.
« *Bonjour* »
« Bonjour »
« *Vous, vous allez vous marier avant la fin de l'année, avec notre nouvelle voisine.* » me dit-elle d'un air assuré.
« Vous n'avez pas fini avec vos prévisions. Je ne sais pas où vous allez les chercher ! »
« *Oh non, c'est sûr elle m'a parlé de vous.* »
« Évidemment on se croise de temps en temps et on se parle.»
« *Vous verrez bien, bonne journée.* »
« Bonne journée à vous aussi. »

Il se passe 48 heures sans que je ne croise qui que ce soit du voisinage. Mais trois jours après, en fin d'après midi j'aperçois la nouvelle voisine en question.
« Bonjour »
« *Bonjour* »
« Dites donc vous pourriez me prévenir, ça serait un minimum. » lui dis je d'entrée de jeu.
D'un air étonné et un peu surpris elle répond :
« *Mais vous prévenir de quoi ?* »
« Notre voisine m'a dit il y a trois jours qu'on allait se marier avant la fin de l'année. »
A ce moment elle se plie en deux, elle part dans un fou rire qui lui coupe presque la respiration. Puis elle se redresse.

« *Vous êtes sérieux ?* »
« J'ai l'air de rigoler ? Oui c'est bien ce qu'elle m'a dit. C'est pour ça que j'aimerais bien être prévenu. Il va falloir qu'on choisisse la couleur des dragées…. »
Elle rit de plus belle….
A ce moment là, arrive une autre voisine avec qui j'avais parlé une bonne demi heure l'autre jour, surtout de montagne, d'escalade et de randonnée.
« *Qu'est ce qui ce passe, je vous vois en train de rire.* »
Alors je lui résume :
« Une voisine m'a dit que j'allais me marier avec madame, ici présente, avant la fin de l'année. ».
Comme elle connaît un peu notre voisine elle sourit largement, car elle sait ce que les potins de quartier peuvent engendrer. Elle n'est pas déstabilisée et ajoute :
« *Et moi alors ?* »
« Vous… ben….heu….. vous serez le témoin ! »
L'autre voisine ajoute,
« Moi je n'ai jamais été mariée et j'aime vivre seule. Le mariage n'est pas pour moi. Mais si ça vous va, (dit elle en s'adressant à l'autre) on se marie, on divorce et après ce sera votre tour.»
Là c'est le pompon… on est tous les trois en train de rire comme pas souvent.
Puis une des deux ajoute :
« *Méfiez vous, ce que vous a dit votre voisine, c'est peut être une stratégie pour vous demander en mariage.* »
« Ça m'étonnerait, elle me l'a déjà demandé deux fois. »
Elles repartent dans un fou rire.

On continue notre discussion paisiblement et on découvre que la mère de la première a vécu là ou est née ma mère et y a tenu un magasin. L'autre est souvent venue faire de l'escalade dans ma région d'origine. On se souhaite une bonne soirée.

On dirait une étoile filante (09/2021)

Une femme marche sur le trottoir en cette fin d'après midi d'automne, au bord de la Saône. Il ne fait pas froid. Le soleil envoie encore quelques rayons.
J'approche en vélo, le soleil dans le dos et remarque son pull qui renvoie des petits éclairs comme si des diamants étaient cousus à la surface. Je ralentis et ait envie de lui dire quelque chose, mais quoi . ?...........
Arrivé à sa hauteur, c'est le moment ou jamais :
« Madame, on dirait une étoile filante » lui dis-je en la regardant.
Ses yeux se mirent à briller et un large sourire vint éclairer son visage.
« *Merci* »
J'ai continué ma route. Un moment équivalent à une vraie étoile filante.[7]

Moi, monsieur, je suis infirmier

En courses ce samedi après midi, j'arrive à la caisse et aperçois un homme d'origine maghrébine d'une quarantaine d'années qui, accompagné d'un grand costaud, porte un masque sur le menton.
« Monsieur, votre masque il est tombé ou il vous est pénible de le supporter. ? »
« *Excusez moi* » me dit-il avec un sourire en le replaçant sur le visage.
« *J'ai du mal à le garder à cause de mes lunettes, ça fait tout de suite de la buée.* »
« Vous avez raison, j'ai eu le même problème avec une série de masques qu'on ne peut pas pincer sur le nez. C'est à

---

[7] Cette histoire m'a été racontée par quelqu'un qui m'a encouragé à ce que j'écrive ces petits instants de l'existence. Finalement il s'y est mis également pour son plaisir et celui des gens qu'il croise.

cause du morceau semi rigide qui est dans le masque. Souvent c'est en plastique, donc le pli ne tient pas et laisse passer l'air de chaque côté du nez, par le haut. Ça ne tient jamais, comme vous le dites, la buée arrive tout de suite sur les lunettes. »
Un autre client, grand mais visiblement pas dans un jour de calme se mêle de notre conversation.
« *Ça c'est de la soumission et rien d'autre.* »
« Ah bon c'est de la soumission. Alors expliquez moi la différence entre la soumission et la désobéissance. »
Les deux premiers observent l'échange.
« *L'esclavage s'est mis en place à cause de la soumission…. Et c'est la désobéissance qui y a mis un terme. Arrêter l'économie pour une grippe, vous vous rendez compte ?* »
« Oui je me rends compte. »
« *Monsieur je suis infirmier et je ne suis pas vacciné.* » ajoute-t-il avec un air supérieur que j'interprète comme « vous êtes qui pour parler de ces sujets ? ».
« Pas de problème, c'est votre choix. Mais vous n'êtes pas obligé de prendre un air supérieur qui pourrait faire penser que je suis un imbécile. Car ce n'est pas le cas. »
Fin de la discussion….
Il s'en va sans me dire au revoir.
Les deux autres sont restés en dehors.
Au moment où ils partent je les salue et ajoute avec le sourire :
« Bravo pour votre diplomatie et bon week-end. »
« *Bon week-end monsieur* » répondent-ils avec un sourire apaisé.

Vous avez été dompteur ?

En route pour un voyage de plus de 700 km, je m'arrête sur la première station autoroute. Après avoir acheté une bouteille d'eau, j'aperçois un homme d'une trentaine d'années qui

vérifie la pression de ses pneus. Il vient de terminer la roue avant droite. Il passe devant sa voiture en tirant le flexible, puis, d'un geste habile, fait passer ce même flexible par dessus le capot mais sans le toucher. Il atteint précisément la roue avant gauche. Il est maintenant accroupi.
« Monsieur, je viens de vous voir, vous avez dû être dompteur, vu la manière dont vous avez manipulé le flexible. »
Il se retourne et me sourit :
« *Détrompez vous, je suis dompteur.* » dit-il d'un air affirmé.
A ce moment là il regarde sa compagne, noire de peau qui fait un grand sourire en nous regardant tous les deux.
« Si je comprends bien vous ne vous occupez pas que des voitures. »
« *C'est ça.* » répond-il avec un grand sourire en regardant sa compagne qui lui sourit également.
« Alors bonne journée et bonne route. »
« *Bonne route.* »

Ça fait un euro de trop

Avec un voisin, nous partons prendre un café dans le quartier. Aujourd'hui c'est moi qui commande, qui paye et m'approche donc du comptoir.
« Bonjour, un café allongé et une tisane s'il vous plaît. »
Derrière le comptoir, un jeune homme qui semble être le responsable est observé par une jeune femme qui semble enregistrer la manière de procéder. Mais ce jeune homme bien peigné et bien sûr lui, ne lui adresse pas de consignes. Ensuite je le rejoins vers la caisse.
« *Ça fera 4 euros 14* » me dit-il.
« Je vous remercie mais il y a un euro de trop. »
« *Pourquoi vous me dites qu'il y a un euro de trop ?* »
« Je vous laisse trouver la réponse. »
Il réfléchit mais rien ne vient. Alors la jeune femme qui avait tout entendu s'approche et dit.

« *C'est Pi.* »
« *Quoi c'est pi ?* » rétorque le barman.
« *C'est 3,14 le nombre utilisé en maths.* » ajoute-t-elle calmement.
« *Ouhhh….. j'ai oublié tout ça depuis longtemps.* » ajoute le barman.
« Ça arrive mais ça peut vous servir pour calculer le périmètre ou la surface d'un cercle. Bon, ne vous inquiétez pas je paye quand même.»

Vous êtes plongeuse ?

Ce soir vers 18h30, la température baisse doucement et se rapproche des 6 degrés. Pas de vent, et peu de monde dans les rues. Je m'approche de la boulangerie : devant moi une jeune femme attend son tour :
« Bonsoir, vous êtes plongeuse ? »
« *Moi, non je ne suis pas plongeuse.* »
« Ah, parce que j'ai cru que vous portiez une combinaison de plongée. »
« *Non ce n'est pas une combinaison de plongée, c'est un pantalon qui tient chaud et ne serre pas trop* » et elle accompagne le geste en relevant son pull pour montrer le haut du pantalon, à même la peau, qui, s'arrêtant à la taille, laisse apparaître une taille fine. Elle a un sourire d'une extrême gentillesse.
« Désolé j'ai cru que vous veniez de vous baigner ou que vous y alliez. »
« *Non* » ajoute-t-elle avec un sourire à nouveau très naturel.
« Bonsoir »
« *Bonsoir monsieur* »
Son visage, extrêmement souriant fait plaisir à voir. Ses yeux pétillants et observateurs sont également agréables à regarder. Elle est noire et porte des cheveux courts.

J'espère que vous écrivez

Cet après midi, quelques courses pour les repas du week end. Une fois au magasin je croise une femme d'environ 40 ans, type métisse avec qui j'ai instantanément envie de parler. Nos regard se croisent un dixième de seconde, sans expression particulière. Naturellement je ne lui dis rien et continue mes courses.

Au bout d'un moment, je me dirige vers une caisse, puis attends. Derrière moi, personne.
J'aperçois à une quinzaine de mètres cette femme qui apparemment cherche une caisse à laquelle se rajouter.
Elle finit par venir se placer derrière moi.
« *C'est derrière vous la file d'attente ?* » me dit-elle.
« Oui c'est bien là. »
Elle a un caddie à roulettes, qu'utilisent en général les personnes âgées. Moi je n'ai qu'un filet.
« Je vois que vous avez un caddie, c'est un signe d'intelligence. » lui dis-je en lui montrant le filet que je porte.
« *Je ne sais pas, mais je trouve qu'il n'y a pas grand monde pour un samedi après midi.* » ajoute-t-elle.
« Vous êtes du coin ? »
« *Oui* »
« C'est peut être à cause de l'heure qu'il y a peu de monde. »
« *Je ne pense pas, il est pratiquement 16 heures. Je me demande pourquoi les caisses ne sont pas toutes ouvertes.*»
« Plusieurs solutions : ils ne trouvent pas de salariés ou ils décident d'en mettre un minimum. »
« *En même temps c'est mal payé, parfois pénible et avec des horaires compliqués.* »
« Vous réfléchissez beaucoup apparemment. »
« *Je sais ça n'arrête pas, et même la nuit. Je philosophe, je médite...* »
« Ça doit être fatiguant. J'espère que vous écrivez ce qui vous passe par la tête. »
« *En effet j'écris et je suis en cours pour mon premier livre.* »

« Là je vous félicite, et vous encourage à continuer. Vous comptez le publier chez un éditeur ou à compte d'auteur ? »
« *En fait je passe par un intermédiaire. Ça permet d'avoir un avis puis un soutien. Ensuite il pourra s'occuper du référencement dans les bases de données nationales et permettre des commandes du livre imprimé.* »
« Bravo, vous prenez des moyens sérieux. »
« *Oui mais ça n'est pas donné, ça coûte.* »
« C'est vrai mais vous savez ce qu'on dit : la fortune vient en dormant. Donc si vous pensez la nuit, ... à voir. »
« *Ah... pour le moment ce n'est pas la fortune.* » ajoute-t-elle avec un large sourire.
« Continuez. Personnellement je viens d'en écrire un avec les événements ou rencontres qui se produisent tous les jours. Je l'ai édité à compte d'auteur, car je ne me prends pas pour un écrivain d'envergure. Puis je le diffuse aux gens que je connais ou que j'apprécie. Je ne l'ai pas référencé chez qui que ce soit. »
Après avoir payé mes courses, je la salue.
« Bonne fin de journée et continuez. »
« *Je vous remercie j'en suis à 50 % de mon premier livre.* »
« Moi j'en suis à 50 % de mon second, mais comme c'est votre premier alors vous serez classée première. Bonsoir madame. »
« *Bonsoir monsieur.* » me répond-elle avec un sourire.

L'envie ne m'a pas manqué de l'inviter à continuer à discuter pour échanger sur ce qu'elle écrit, autour d'un café, d'une tisane ou d'un chocolat. Mais vous me connaissez. Si je la revois, on verra.

Tiens voilà la grand-mère

Mon généraliste[8] m'oriente pour consulter rapidement un spécialiste en milieu hospitalier. J'y vais en deux roues.
« Monsieur vous ne repartez pas. » me dit le chirurgien qui passe me voir 5 heures après mon arrivée aux urgences.

Suite à l'opération, je suis resté hospitalisé quelques jours.
Les infirmières passent et repassent à intervalles réguliers.
A un moment, vers 18 heures deux infirmières entrent :
« *Bonsoir monsieur* » lancent-elles avec le sourire.
« Bonsoir, on dirait des jumelles » leur dis-je.
« *Dites donc vous exagérez, elle pourrait être ma fille.* »
L'une d'elle me montre l'autre et ajoute :
« *Elle est étudiante infirmière.* »
« Je suis désolé, vous faites la même taille, portez la même blouse, portez des lunettes et êtes coiffées toutes les deux pareil et avec des cheveux de la même couleur. Mais vous avez raison. Excusez moi. »
A ce moment arrive une autre infirmière dans la chambre :
« Tiens voilà la grand mère » lançai-je calmement aux deux présentes. Les deux présentes se mettent à rire sans retenue.
« *Dites donc, vous exagérez, après ce que j'ai fait pour vous quand vous n'étiez pas bien.* » ajoute celle qui vient d'entrer avec un ton appuyé mais bienveillant.
« Je suis désolé, c'est sorti tout seul, c'est suite à l'échange qu'on vient d'avoir. Désolé encore une fois… Vous croyez que je peux me récupérer après cette réflexion déplacée ? »
« *Non je ne crois pas.* »
« Vous me voyez désolé pour cette remarque. »
Puis elles s'en vont.
Vers minuit, l'infirmière (la grand mère) entre et me voyant quasiment endormi, elle chuchote :
« *il dort, laissons le dormir* ». J'ai apprécié ce tact.

---

8   Expression de possession abusive. C'est le généraliste de beaucoup de monde.

La nuit se passe bien et le matin vers 6h, la porte s'ouvre et un peu de lumière éclaire la chambre :
« *Bonjour, c'est la grand-mère* » ajoute l'infirmière de la veille.
« Bonjour, je crois que même en m'excusant c'est peine perdue. Je suis vraiment désolé. »
« *Ne vous en faites pas. Vous n'imaginez pas comme ça nous a fait rire cette nuit. Bonne journée monsieur et portez vous bien pour votre sortie.* »
« Au revoir et merci beaucoup. »

Vous êtes toujours aussi bienveillante

Ce matin, café avec un voisin, sur la place. Il fait beau mais un peu frais. Il est environ midi moins le quart. Au moment de se lever, j'aperçois une voisine croisée rarement. La dernière fois qu'on s'était croisés c'est lors de l'intervention de ORTEC pour déboucher les canalisations du quartier. Certaines caves avaient été inondées.
La croisant dans les caves, j'avais, après avoir dit bonjour, lancé à la cantonade :
« Mais c'est pas vrai, j'avais laissé mes bouteilles de romanée-conti par terre dans ma cave. J'en ai huit. Les étiquettes vont se décoller et on ne saura plus que c'en était au moment de l'ouverture. »
« *Vous avez de la romanée-conti ?*» Avait elle enchaîné, ce qui montre bien une connaisseuse de quelques vins de bourgogne.
« Oui si on le prend avec humour, mais en réalité non, et il n'y a aucune bouteille de vin dans ma cave. »
« *Moi, si, il y en a quelques unes et j'ai un faible pour le bourgogne.* »
« C'est noté, dès que j'aurai une bouteille de romanée-conti, je vous ferai signe. » Bien sûr ça n'arrivera pas.
« *Prévoyez aussi que mon mari puisse goûter, il aime bien.* »
« Pas de problème, si on peut passer un bon moment. »

Et on s'en était tenu là.
Environ 2 semaines après cette rencontre, je l'aperçois au pied d'un l'immeuble. Sous le bras elle porte un carton, type carton d'archivage, blanc, comme certains en ont beaucoup vu durant leur exercice professionnel dans les bureaux. Il a l'air bien rempli.
On va se croiser.
« Madame, bonjour. Vous êtes toujours aussi bienveillante avec les voisins. Vous nous apportez un carton de vin. »
Évidemment c'est du papier donc ça ne risque rien.
« Bonjour messieurs. Comment vous avez fait pour deviner que c'était du vin ? »
« Franchement, on n'en savait rien, mais comme je sais que vous aimez bien le bourgogne, j'ai voulu dire un mot d'humour. »
« Ça alors. Vous êtes tombés juste. Je viens d'aller dans une entreprise qui ferme ses portes et j'ai aperçu ce carton parterre. En le regardant bien j'ai vu que c'était du vin. J'ai proposé de l'acheter et ils ont accepté. »
« C'est quoi comme vin ? »
« La boite vient d'Auxey-Duresses, c'est en Bourgogne, je ne sais pas exactement où. Et je ne sais pas exactement ce qu'il contient. »
« C'est entre Meursault et St Romain. Mais c'est du rouge ou du blanc ? »
« Je ne sais pas, je verrai à l'ouverture, mais si vous voulez on peut regarder tout de suite. »
A trois on a essayé d'ouvrir le carton, dans la rue, mais il était très très bien fermé et sans cutter, pas possible.
« Vous nous direz si c'est un bon cru quand on se croisera à nouveau. Vu l'heure, on vous souhaite un bon appétit. »
« Vous aussi, bon appétit. »
Deux semaines pus tard on se croise sur une place du quartier.
« Alors ce carton de vin, c'était du blanc ou du rouge ? » lui dis-je.

« Ah ! Je n'osais pas vous en parler de peur que vous soyez déçu de ne pas y avoir goûté. Il y avait une bouteille de Meursault blanc, une bouteille de Pommard et un Chassagne Montrachet. »
« Je suis content pour vous. On peut dire que vous avez fait carton plein. »
« On les a bues toutes les trois avec mon mari et une de mes filles, on s'est régalé. »
« Tant mieux. Pourvu que ça vous arrive encore. Bonne fin de journée. »
« Merci, vous aussi. »
Deux semaines plus tard on prenait un apéritif avec son mari, d'une gentillesse et d'un humour agréables.

La file d'attente c'est là

Dans la rue piétonne, devant la boulangerie, un homme grand, d'un certain âge, vêtu d'un grand manteau de laine noir et d'un chapeau assorti en feutre se tient droit devant la porte d'entrée du magasin.
Il attend son tour. Je me place à côté de lui et j'ai mes raisons.
Un vent frais souffle et rafraîchit rapidement les visages.
Un jeune homme vêtu d'un sweat à capuche s'approche.
J'aperçois à peine son visage, mais avec le sourire et de la délicatesse il me demande :
« La file d'attente c'est là ? »
« Oui c'est bien là. »
« Merci »
« Vous voyez le monsieur qui est là devant doit y être depuis un petit moment. Regardez ce qu'il a fait. »
Je lui montre avec mon regard qui pointe vers quelque chose.
Instantanément il se met à rire, à moitié plié en deux.
« Ah non ! » sort-il avec un rire non dissimulé, mais silencieux.

« Si. Voilà ce qui arrive quand on reste debout longtemps avec ce froid. Et pourtant, sur la porte aucune consigne.[9]».
Le pauvre redouble de rire et continue à se plier deux.
Puis l'homme au chapeau entre dignement dans la boulangerie. Ensuite je dis au jeune :
« Allez y, j'assure les arrières. » si on peut dire.
Il entre dans la boulangerie et continue de rire.
Puis l'homme, très digne et se tenant droit, sort. J'en profite pour entrer.
Le jeune achète son pain ainsi qu'un pain au chocolat puis me salue :
« *Bonne journée et merci monsieur* » un grand sourire aux lèvres.
Mon tour étant passé je m'adresse à la boulangère après avoir acheté mon pain:
« Au fait, devant la boulangerie, vous avez un gros marqueur glissant, ça n'est pas terrible. On peut glisser et tomber. »
Pas besoin de lui donner plus de détails, elle a compris :
« *Merci beaucoup monsieur* »
Dehors, à un mètre cinquante de la porte, sur la rue piétonne trônait une très grosse crotte de chien.

Madame, ne marchez pas pieds nus. (15/12/2021)

Dans cette même rue piétonne, en rentrant, j'aperçois une femme d'une quarantaine d'année adossée à un mur. Elle porte un manteau, une jupe et des collants blancs. Elle s'appuie pour enlever une de ses chaussures. Je m'approche.
« Madame, ne marchez pas pieds nus, il fait froid et vous pourriez vous enrhumer. »
« *Je vous remercie, c'est juste parce que j'ai mal aux pieds.* »
« Vous me rassurez, bonne journée. »
« *Merci.* »

---

9   Sonnez avant d'entrer, tirez la porte , poussez fort, masque obligatoire ...etc...

Venez me voir à 13h30

Dans le contexte professionnel j'ai eu connaissance de plusieurs parcours professionnels de personnes avec lesquelles j'ai eu à travailler ou contribuer pour les former.
Parfois des personnes sûres d'elles mêmes, qui n'étaient pas toujours à la hauteur et parfois d'autres qui doutaient d'elles mais qui assuraient.
L'une de ces personnes s'appelait Gerber. De contact facile et assez jovial, il manquait parfois d'assurance.
Un matin vers 9h, je l'appelle sans aucune explication :
«Bonjour monsieur, il est nécessaire que nous ayons un entretien. Venez à mon bureau cet après midi à 13 h 30.»
« *Très bien, mais c'est pour quelle raison. ?* »
« Je vous le dirai lors de notre entretien. A tout à l'heure. »
« *Merci, à tout à l'heure.* »
Il avait une voix un peu fébrile, se demandant bien pourquoi je le convoquais. Il n'avait rien fait de répréhensible ni dit du mal de quoi ou de qui que ce soit.
Après le repas de midi, arrive bientôt l'heure de l'entretien.
Toc toc…….Entrez !
« Bonjour, asseyez vous. »
« *Merci. Alors pourquoi vous m'avez convoqué. ?* »
« J'ai souhaité avoir un entretien avec vous car dans votre dossier, à propos de votre parcours, vous nous avez caché quelque chose d'important. »
« *Monsieur je vous garantis que je n'ai rien caché.* »
« Eh bien si, et je vais vous dire ce que c'est. Vous vous appelez bien Gerber (prononcer gerbère). »
« *Oui c'est ça.* »
« La comptabilité vous intérese, c'est bien ça, ça ne vous a pas été imposé ? »
« *Non, j'ai bien choisi cette voie.* »
Là il commence à ne pas être très bien.
« Voilà ce que vous nous avez caché. Le nom que vous portez, vous savez d'où il vient ? »
« *Non, pas vraiment.* »

« Savez vous si l'orthographe de votre nom a toujours été celui là ? »
« *Non je ne sais pas.* »
« Eh bien votre nom vient peut être du nom Gerbert, qui était, aux alentours de l'an 1000, moine d'origine auvergnate. Il a enseigné les mathématiques, il a introduit les chiffres indo-arabes en France mais pas le zéro qui viendra un peu plus tard. Il y avait aussi un autre homme, Geber, qui lui aussi était un grand savant, iranien je crois, dans les années 800 mais je ne crois pas que votre nom vienne de là.
Notre Gerbert, donc, était appelé Gerbert d'Aurillac. Il est finalement devenu le pape Sylvestre II en l'an 999. »
Voilà monsieur Gerber, ce que vous nous avez caché. Vous êtes d'une grande famille de mathématiciens et l'un d'entre eux a introduit les chiffres que nous connaissons aujourd'hui, de 1 à 9. Ne vous étonnez pas d'aimer la comptabilité. Bonne journée monsieur Gerber. C'était un honneur pour moi de vous recevoir. »
Silence radio………. Pendant quelques secondes.
Il craque un peu, dans le bon sens. Et finalement se met à sourire et rire pour faire retomber la tension. Il se tape sur la cuisse deux ou trois fois. On s'est séparé en se serrant la main comme si on avait été des sommités avec un parcours commun. Pour ne pas dire des émérites. Pauvres de nous.
Il est reparti gonflé à bloc.

C'est grâce à son aimant

Une voisine me téléphone dans la matinée.
« *Bonjour, excusez moi de vous déranger. Je viens de faire tomber mes clés dans le fond de l'ascenseur. Vous n'auriez pas une idée pour que je les récupère.* »
« Appelez l'ascensoriste il viendra les récupérer mais en général ils font payer le déplacement. »

« *Je sais, je viens de les appeler mais ils viendront moyennant 135 euros.* »
« Voilà des étrennes originales, c'est bien dommage. Meilleurs vœux quand même. Passez une bonne journée. »
« *Au revoir et désolée pour le dérangement.* »
10mn après ça sonne à la porte. C'est la même voisine qui a perdu ses clés.
« *Vous allez me dire que je suis vraiment pénible. Je suis allée voir au bas de l'ascenseur et j'aperçois mes clés, vous pensez qu'on pourrait les récupérer avec un crochet. ?* »
« Oui bonne idée on va essayer. Je prépare un crochet. »
Je la rejoins en bas de l'ascenseur et aperçois ses clés. Avec un morceau de câble électrique rigide auquel j'ai donné une forme adéquate (enfin c'est ce que je pense) je tente le repêchage.
Rien n'y fait, accrochage impossible, l'anneau du trousseau est à plat au sol.
« *Avec un aimant ce serait peut être plus facile ?* » ajoute la voisine.
« Mais bien sûr et en plus j'en ai un à la maison, je reviens dans deux minutes. »
De retour au bas de l'ascenseur, c'est un jeu d'enfant de récupérer le trousseau, l'aimant, muni d'un anneau auquel j'ai attaché une ficelle, ayant une force d'attraction de 2kg.
« Voilà votre trousseau, meilleurs vœux. »
« *Ah je vous remercie, je vais appeler l'ascensoriste pour annuler leur déplacement et ensuite j'appellerai mon amie qui m'attendait pour aller au ski.* »
Elle annule auprès de l'ascensoriste puis appelle son amie.
« *Allo, je viens de récupérer mes clés, c'est le voisin avec qui je devais me marier qui est venu avec un aimant. Mais ça n'est pas mon amant, il est juste venu avec un aimant.* »
« Dites donc faudrait pas exagérer. D'abord c'était annoncé pour décembre 2021. Or on est en 2022. »
« *Oui vous avez raison c'est périmé.* »
Ça rigole tant et plus des deux côtés du téléphone, puis elle raccroche.

« *Je vous invite à prendre un apéritif cette semaine, je vous dois bien ça.* »
« *C'est d'accord.* »
Si j'en bois pour 135 euros, je risque de perdre l'équilibre. Sauf si c'est de l'eau, de la limonade, de la tisane ou du café ce qui est probablement ce qui va se passer, à moins qu'un grand jus de fruit ou un thé ne fasse l'affaire.
Au final, quelques jours après, on a bu une tisane dans un café non loin de la bibliothèque, avec un voisin qui nous a rejoint.

Je suis allé dans un EHPAD

« *T'es encore allé courir ce matin ?* »
« *Oui j'ai fait mon petit tour.* »
« *T'es allé loin ?* »
« *Non dans le quartier d'à côté. Et je suis passé à l'EHPAD.* »
« *Tu es allé le visiter pour savoir comment c'est, si un jour tu dois y aller ?* »
« *Non je suis allé voir une bonne amie d'enfance qui s'y trouve. J'avais envie d'aller la voir. On se souhaite la bonne année. Mais si ma femme est au courant, ça ne va pas aller.* »
« *Tu as quand même le droit d'aller voir qui tu veux à ton âge.* »
« *Oui mais c'est pas facile.* »
Les amies d'enfance ça laisse toujours des traces indélébiles. Lui a 80 ans passés.

Aude est partie

Aujourd'hui triste nouvelle. Un peu avant Noël, Aude, dont j'avais parlé dans le premier ouvrage, page 16, est décédée dans la nuit, dans l'établissement où elle était hébergée. Sa

mère croisée quelques jours auparavant m'avait dit les paroles suivantes à propos de sa fille :
« *Je suis fatiguée, j'avance en âge, combien de temps je pourrai encore m'en occuper ?* »
Je n'avais rien répondu d'autre qu'un silence qui voulait montrer que je voyais bien de quoi elle parlait.
Avec le fiston, nous sommes allés à la messe de funérailles. Dignité à tout point de vue.

On dirait la femme de Zorro

« Bonjour, on prendra deux cafés allongés. »
« *Asseyez vous, je vous les apporte.* »
On papote avec un voisin pendant quelques minutes puis la serveuse arrive. Elle pose le plateau délicatement. Elle porte un tee-shirt noir, un pantalon noir, une chevelure abondante châtain, mi-longue et des gants noirs pour éviter le covid. En plus elle porte un masque noir.
« Vous êtes la femme de Zorro. » lui lançai-je avec le sourire.
« *Ah j'aimerais bien* » ajoute-t-elle avec un grand sourire et des yeux qui en disent long sur son souhait imaginaire.
Puis on prend notre café et on s'en va.
On y retourne trois jours plus tard.
« Bonjour, deux cafés allongés. »
« *Je vous les apporte* »
Puis au bout de deux minutes elle revient et dépose le plateau.
« Merci madame de la Vega. »
Là elle marque un très large sourire qui, me semble-t-il, lui éclairera la journée. Mais ce n'est pas demain que don Diego viendra prendre un café ici. A moins que ce ne soit le sergent Garcia. On verra.

Je ressemble à un épouvantail

La température a baissé. Le thermomètre frôle les 0°. Quelques flocons tombent et virevoltent avec les courants d'air. Je pars faire quelques courses pour le week-end.
Dans la rue je croise une voisine.
« *Il ne fait pas chaud aujourd'hui.* »
« Oui ça s'est refroidi. »
« *Vous mettez un chapeau pour vous protéger les cheveux?* »
« Non, ce n'est pas un chapeau et c'est pour ne pas avoir les cheveux mouillés quand je rentre. »
« *En même temps vous avez encore des cheveux.* »
« Oui mais vous aussi. »
« *C'est vrai, il y en a qui en ont moins. Mais là je vais chez le coiffeur. Regardez moi, on dirait un épouvantail.* »
« Mais non. »
« *Ah bon ?* » dit-elle d'un air qui semble la rassurer.
« Mais oui, il n'y a pas beaucoup d'oiseaux à cette époque. »
« *Alors vous vous n'en ratez pas une.* »
« C'est pas méchant. Bonne fin de journée. »
« *Bonne fin de journée.* »

Promis ! On revient pour le goûter

Ce matin un ami passe me chercher pour une petite randonnée. Il est 9 h ce matin et la température est négative. Pas de vent. Ciel couvert.
Nous chargeons la voiture. S'approche une femme d'environ 50 ans, traversant la place avec une grosse boite de gâteaux.
Je ne peux pas me retenir :
« Ah madame, c'est vraiment gentil de votre part. Je ne m'attendais à ça si tôt ce matin. Je vous remercie. »
Simultanément et avec un grand sourire, je tends les bras pour récupérer la boite.
Elle me regarde et sourit également.

« *Venez tout à l'heure, je vous invite.* »
« Ah vraiment ! je n'aurais pas pensé. Promis on revient pour le goûter. »
On est rentrés vers 14 heures passé. Mais je ne suis pas retourné dehors pour voir si elle nous attendait.

Chaussure à mon pied ?

« Bonjour » lançai-je avec le sourire.
« *Monsieur pourquoi vous ne skiez pas, vous avez le matériel sur le sac et n'avez pas l'air blessé.* »
« Oui vous avez raison, je devrais skier. Mais ça m'est impossible. »
Nous sommes sur une piste de ski, damée et je marche sur le chemin du retour. Avec un ami nous avions planifié une sortie en ski de randonnée, qui, pour nous deux, représentait une reprise après quelques années sans pratiquer. Je la descends tranquillement en marchant, par -5° avec un ciel clair et sans vent.
Le couple que je viens de croiser remonte la piste en raquettes. Ce pourrait être jokovitch[10] avec sa compagne, lesquels sont désormais disponibles pour les raquettes en dehors de l'Australie[11], mais ce n'est pas lui.
Ils ont une soixantaine d'années, avec chacun un grand sourire. C'est agréable de croiser des gens comme ça.
« Regardez mes chaussures. » leur dis-je.
Je relève légèrement mon pantalon et laisse apparaître ce qui reste de mes chaussures :
« *Alors ça, on n'a jamais vu ça.* » s'écrient -ils.
« *Comment c'est possible ?* »
« Elles ont éclaté après une heure et demi de montée. »

---

10 Joueur de tennis
11 Pour ceux qui n'auraient pas suivi l'actualité, Joko a été renvoyé d'Australie, car il n'était pas vacciné.

« Je ne voulais pas jeter mes vieilles chaussures alors je les ai essayées hier soir, et pas de problème. Ce matin, aucun ennui à la montée. Lors d'une pause, la gauche a commencé à s'effriter[12]. Je l'ai rattachée, reficelée, en espérant que ça tienne. Puis ça s'est dégradé et la chaussure s'est retrouvée en 6 ou 7 morceaux. Il ne restait que le chausson. J'ai réfléchi une seconde et me suis dit : si la gauche a lâché, la droite ne devrait pas tarder. C'est comme les ampoules achetées par deux, elles tombent souvent en panne en même temps. Effectivement moins de deux minutes plus tard la droite s'est ouverte en plusieurs morceaux[13]. J'ai alors su que je devrais descendre à pied avec les skis sur le dos, et en chaussons, avec les débris de chaussures dans le sac. Alors me voilà. »
« *Vous n'avez pas froid aux pieds ?* »
« Non avec la marche, pas froid. »
« *Et aux mains non plus ? vous ne portez pas de gants !* »
« Je vous rassure, ils sont dans mes poches, bien au chaud. »
« *Alors bonne descente et bonne journée.* »
« Vous également et bonne balade. »

J'aurais voulu être pompier

Ce matin, café avec un voisin non loin de la bibliothèque.
Je suis dos tourné au comptoir et lui y fait face.
« *Madame, madame….. il y a le feu.* » indique énergiquement mon voisin à la femme qui tient la boutique.
« *Où ça ?, où ça ?* » dit-elle.
« *Dans le four.* »
« *Je ne vois rien.* » lui dit-elle en regardant dans le micro ondes.
« *C'est dans le four.* »
Effectivement, dans le four, du papier s'est enflammé, une grande feuille.

---
12 Cette formule peut faire penser à de la politique, mais il n'en n'est rien.
13 Là non plus pas de politique.

La salariée ouvre le four, prend la feuille en feu à la main et la met au dessus de l'évier pour l'éteindre en faisant couler de l'eau dessus.
Elle a gardé son calme tout au long de la manœuvre.
« *C'était un croque monsieur, j'ai oublié d'enlever le papier. En même temps j'aurais aimé être pompier.* » ajoute-t-elle avec le sourire.
« Vous dites ça, mais c'est pas seulement pompier que vous pourriez être. Vous pourriez être une pyrowoman. »
« *Finalement, vous avez raison, mais pourquoi pas les deux ?* » renchérit-elle avec un sourire.
« Alors c'est comme ça que vous avez séduit Zorro[14]. Les autres vont être jalouses . Mais si elles approchent, envoyez leur le sergent Garcia. » ajoute-t-on avec un grand sourire, puis :
« En même temps on vous enverra des gens pour les anniversaires et les tartes flambées, ça devrait aller tout seul. »
Après avoir payé nous avons pris la direction du dehors.
« Au revoir madame de la Vega et bonne journée. »
« *Vous aussi messieurs, bonne journée.* »

La dame de cœur

Aujourd'hui c'est troisième dose. Pas de rendez vous. On explique pourquoi, suite à une annulation en fin d'année. Le contexte santé est expliqué sommairement mais précisément. La secrétaire à l'accueil nous indique :
« *Aujourd'hui c'est le moderna.* »
« Oui je comprends mais son médecin a indiqué qu'il préférait le Pfizer pour lui. »
« *Vous verrez avec le médecin.* »
Suite à la description du parcours de santé de mon fils, il accorde sans difficulté son feu vert pour le Pfizer.

---
14 Voir page 66

« *Allez vous asseoir, l'infirmière vous appellera.* » nous dit-il.
Une à deux minutes plus tard :
« *Monsieur, venez c'est par là, asseyez vous.* »
L'injection se passe bien.
« Merci madame » ajoute le fiston.
« *De rien, bonne journée.* » répond-elle.
« Vous, vous êtes une dame qui pique et qui a du cœur. C'est comme aux cartes, dame de pique et dame de cœur.» ajoutai-je dans la foulée. Elle avait réellement fait preuve de tact et de bienveillance.
« *On ne m'a jamais dit ça, je vous remercie, c'est beau, merci.* » répond-elle avec un peu d'émotion.
« De rien, ça m'est venu comme ça, spontanément. »
Et en s'adressant au fiston :
« *Pour la piqûre vous vous souviendrez de moi, c'est Nathalie.* »
« Moi c'est …... » répond-il.
« *Alors allez vous asseoir pour qu'on vous appelle et qu'on vous donne votre QR code. Au revoir, bonne journée.* »

Je vous ramène des chocolats ?

Il est bientôt midi. On attend donc assis sur une chaise pendant quelques minutes puis on nous appelle. On rejoint les secrétaires, et en même temps, un candidat au vaccin assis au bureau d'à côté, discute.
« Monsieur, aujourd'hui c'est le Moderna. » lui dit la secrétaire.
« *Ah non, je ne veux pas du Moderna, j'ai commencé avec le Pfizer.* » répond-il.
« Mais c'est quasiment la même chose monsieur. »
« *Non c'est pas la même chose, je veux un Pfizer.* »
« Alors c'est le médecin qui verra avec vous. Je vais l'appeler. »

Le médecin a l'âge de quelqu'un qui doit être à la retraite. L'homme en attente réexplique qu'il veut du Pfizer, car il a commencé avec du Pfizer.
Le médecin lui dit :
« Si vous voulez du Pfizer, revenez la semaine prochaine, ce sera du Pfizer. »
« Non, moi je le veux aujourd'hui. »
« Écoutez monsieur, je ne sais pas s'il nous en reste, je vais voir avec l'infirmière. »
Il sollicite l'infirmière devant lui, laquelle part dans l'arrière boutique puis revient et indique :
« Je n'en n'ai plus. » dit-elle.
« Alors monsieur, si vous voulez du Pfizer revenez la semaine prochaine. »
L'homme s'énerve mais je ne me souviens pas précisément de ses paroles. Le ton était très appuyé, voire agressif et un peu pénible à supporter. Il se lève et part bruyamment.
L'équipe des accueillants est un peu perturbée.
« Ça vous arrive souvent des personnes comme ça ? » leur dis-je.
« Oui de temps en temps, mais on doit bien gérer. »
Ils semblent un peu fatigués de ces échanges.
« Vous, vous méritez une boite de chocolats. » leur dis-je.
« Ah oui ce serait bien. » ajoute une des accueillantes avec le sourire, accompagnée dans cette bonne humeur par les trois autres.
« On vient de l'hôpital et la semaine prochaine ce sera des personnels municipaux. »
Cette phrase fait tilt dans ma tête… du personnel de l'hôpital.
« Bon, je ne vous promets rien mais je reviendrai peut être cet après-midi avec une boite. »
« Non monsieur, on vous remercie, c'est gentil. »
« On verra. Je l'ai déjà fait dans un service de radiologie. Pourquoi pas avec vous ? »
Marchant vers la sortie, à plusieurs mètres d'eux il me vient une anecdote qui n'a rien à voir avec le sujet et que je leur raconte :

« Dernièrement je devais ranger mon appartement, alors j'ai acheté le livre de Marie Kondo, l'élite du rangement qui en a fait un livre de conseils. Quand j'ai décidé de m'y mettre, j'ai recherché le livre, mais je ne l'ai pas retrouvé. » leur dis-je avec le sourire.
Éclat de rire général de la salle. (Bon ils étaient 4).
Le médecin se marre également et me dit :
« *Me donnez vous l'autorisation d'utiliser cette blague ?* »
« Oui naturellement c'est du domaine public. » En fait non, mais il peut bien sûr l'utiliser.
« *Je vous remercie.* » toujours avec un grand sourire.
« Bonne fin de matinée et bon appétit. »
« *Merci, vous aussi.* »
Il est midi et demi. Nous partons.

Il est maintenant 14 heures. Je reviens sur les lieux. J'ai eu le temps de me procurer une petite boite de bons chocolats.
J'aperçois le médecin. Il est au téléphone. Il m'aperçoit et pose son téléphone.
J'ai le sourire discret et le bras tendu avec la boite de chocolats dans la main. Je lui donne.
A ce moment là il se retourne vers les 3 personnes assises derrière les bureaux et qui accueillent les candidats à la vaccination et en parlant fort leur dit :
« *Mesdames, mesdames, regardez. Un homme qui a tenu parole.* »
Elles lèvent la tête et montrent un large sourire. Tout le monde se marre joyeusement. Un homme qui tient parole ce serait si rare que ça ? Je m'éclipse dans la foulée et les laisse travailler.

Je vous présente Zorro !

C'est l'heure du café. Avec un voisin nous sommes au même endroit, non loin de la médiathèque.

« Deux allongés s'il vous plaît. »
« *Pas de problème.* »
Deux minutes s'écoulent. Nous voyons arriver un grand balaise, cheveux courts, une trentaine d'années. Il se dirige droit vers le comptoir. On ne s'en occupe pas.
Puis au bout d'un quart d'heure, nous nous levons pour payer et nous dirigeons vers le comptoir.
« *Je vous présente Zorro* [15]*»* nous dit la jeune femme avant que nous ayons ouvert la bouche.
« *C'est mon mari.* » ajoute-t-elle.
« Ah, enchanté, bonjour monsieur de la Vega. » lui lançai-je avec un grand sourire plein de sincérité. Il n'a pas le type espagnol, mais il semble content de nous voir. Et nous voilà partis à échanger sur le rôle de la police, de la gendarmerie et leur lien avec les services judiciaires…Les méthodes de recrutement... Il est dans ces métiers.
Après ces quelques minutes et après avoir payé nous nous éclipsons.
On ne lui a pas demandé de nous présenter le sergent Garcia.

Vous ne devriez pas compter

« Mesdames, vous ne devriez pas compter ici. »
« *Oh, excusez moi, c'est ma mère, elle veut toujours vérifier.* »
« Ah. Vous savez il n'y a que très très rarement des erreurs dans les distributeurs de billets. »
« *Oui mais comme je vous le dis elle veut toujours vérifier le montant avant de le mettre dans son sac.* »
Madame va vers les 80 ans ou plus et l'autre doit être sa fille.
« Vous avez de la chance je ne suis pas un voleur, mais ce serait mieux de compter une fois rentrés à votre domicile. »
« *Oui c'est vrai, je vous remercie.* »

---

15 Voir page 66 pour le début de l'histoire concernant Zorro.

« Pour cette fois ne vous inquiétez pas, j'ai vérifié en même temps que vous. Vous avez bien 400 euros, avec 7 billets de 50 deux billets de 20 et un billet de 10. »
Elles sont un peu surprises, mais gardent le sourire.
« *Bonne journée monsieur* »
« Vous également mesdames. »

Passez nous voir

Un matin à San Francisco au petit déjeuner mon fils demande à la serveuse comment on s'organise pour se servir. Comme il ne parle pas anglais elle lui fait signe de s'adresser à une dame qui prend son petit déjeuner. Il s'en rapproche et est accueilli comme un roi. La dame parle français.
Finalement elle nous invite à s'asseoir à sa table.
Elle vient de Nice pour voir ses filles, installées au États Unis. L'une d'elles a un cancer et l'autre est venue la chercher pour la visite à l'hôpital du côté de Sacramento. Deux minutes après, sa fille nous rejoint.
On échange sur ce qu'on est venu faire ici.
« C'était le rêve de mon fils de venir en Californie, alors tous les voyants étant au vert, on a décidé de ce voyage. »
« *Moi je viens de temps à autre voir mes filles, mais je vieillis doucement et ne pourrai bientôt plus voyager. En France j'ai été pendant quelques années responsable d'une antenne de la croix rouge.* »
Au final on passe un bon moment, même si le souci de son autre fille hospitalisée reste présent. Après leur avoir indiqué notre programme de voyage elle ajoute :
« *Passez nous voir quand vous serez par là bas. Ma fille est propriétaire d'un ranch à 20km au nord de Santa Barbara. On serait contents de vous revoir. Voilà l'adresse et mon numéro de téléphone.* »
« On ne vous promet rien, mais on essaiera. Merci beaucoup de votre invitation. »

Cinq jours pus tard nous y sommes et passons un agréable moment. On visite le ranch. Elle nous parle des chevaux qu'elle a racheté à des personnes qui les maltraitaient. Le compagnon de sa fille est pianiste de jazz et on a droit à un petit récital de 5 mn, très agréable, pendant que la mère nous prépare une coupe de fruits frais. On apprend également que sa fille possède une entreprise et qu'elle envisage d'en racheter une autre ce mois ci qui vient de faire faillite. Le rêve américain, pour celui qui rachète, évidemment ?
Mais sa mère est inquiète car, pour son travail, sa fille se lève tous les matins à 4 h et a de très grosses journées. Elle me confie :
« *Je me fais du souci pour elle, pour sa santé.* »

Au final nous prenons congé en leur souhaitant bonne continuation.

Ça sent le poisson

De retour vers Los Angeles, le fiston souhaite qu'on s'arrête à Malibu. Mais question naïve : pourquoi s'arrêter à Malibu ? Comme on y passe pour le retour, ce sera facile.
Il fait maintenant nuit. On s'arrête quand même.

Garés sur une place où il n'y a plus personne excepté quelques magasins encore éclairés, il y a une odeur assez forte. On est sur la place du marché.
Ça ne fait aucun doute, ça sent la morue.
« Oui t'as raison, ça sent le poisson. »

On est repartis quelques minutes après. Dire que c'est de la morue serait prétentieux. Je ne connais pas précisément l'odeur de la morue. Le souvenir qu'on en aura c'est que ça sent le poisson.

Ça fera 15 euros

Au rayon des imprimantes j'hésite. Il y des cartons dans l'allée. Le passage est un peu étroit. Un client se dirige vers moi. Au moment où il arrive, je me décale derrière un carton afin qu'il puisse passer avec son caddie.
« *Merci beaucoup, monsieur* » me dit-il avec un sourire.
« De rien c'est normal. »
Il passe devant moi et j'ajoute :
« Ça vous fera quand même 15 euros. »
Il se retourne puis répond :
« *C'est cher pour passer.* »
« Oui mais ça les vaut. Bonne journée monsieur. »
« *Bonne journée.* »
Je continue à déambuler dans le magasin. Dans une autre allée je l'aperçois se diriger dans ma direction. Il n'y a pas de cartons. Rien ne gêne le croisement de deux personnes.
Au moment où il passe devant moi :
« Ça fera encore 15 euros. »
« *Je sens qu'il ne faut plus qu'on se croise, sinon ça va me coûter cher.* » rétorque-t-il avec le sourire.
« Oui c'est vrai mais rassurez vous, le tarif est dégressif. Le prochain croisement ce sera 10 euros. Bonne journée»
« Merci. » ajoute-t-il avec le sourire.
On ne s'est plus croisé.

Je vous ai donné quoi comme billet ?

Plus de pain ce soir. Un saut à la boulangerie devrait combler cette lacune.
« Bonsoir »
« *Bonsoir monsieur, qu'est ce qu'il vous faut ?* » enchaîne la serveuse.
« Une baguette bio et deux croissants pour demain matin. »
« *Voilà, ça fera 3 euros 70.* »

Je sors un billet et lui tend.
Elle s'affaire à me rendre la monnaie.
Je récupère 46 euros 30. Et commence à réfléchir.
« Je vous ai donné quoi comme billet ? » lui dis-je.
« *Cinquante euros.* »
« Bravo le rendu de monnaie est bon. Mais vous êtes sûre pour le billet de 50 ? »
Un coup d'œil dans le tiroir et elle aperçoit un billet de 20 €.
« *Ohhhh ! C'était un billet de 20 euros.* »
« Oui il me semble bien. Je vous ai regardé et me suis posé la question de savoir si vous risquez votre poste avec une caisse fausse. Je pourrais revenir demain pour la même chose. Vous imaginez, je vous donne 20 euros, et je repars avec une baguette, deux croissants et 46 euros 30, c'est une bonne opération. Non, on va rectifier.»
Je lui rend 30 euros.
« *Merci beaucoup monsieur.* »
« De rien c'est la fin de la journée. Bonsoir »
« *Bonsoir monsieur.* »

Vous êtes téméraires

Grand soleil ce matin. Dans la rue deux personnes, vraisemblablement une mère et sa fille, s'approchent et on va bientôt se croiser.
« Mesdames, vous n'avez pas peur de marcher ici ?»
Elles marchent sur une assez grande grille d'environ 1,50 sur 2 mètres qui sert de bouche d'aération pour expulser ou aspirer l'air d'un garage souterrain. En dessous 2 m de vide.
Elles éclatent de rire et répondent :
« *Non on n'a pas peur.* »
« Vous êtes téméraires, bravo. »
Il n'y a de fait aucun risque de chute compte tenu de la construction de cet ensemble. Parfois des camions passent

dessus, alors des piétons…. En tout cas elles ont réagi avec un grand sourire. A ce moment là un voisin passe par là.
« *Qu'est ce que tu racontes ?* »
« Rien, juste un moment pour se détendre, c'est plus fort que moi. Mais ça les a fait sourire, donc c'est bien.»
Par contre lorsqu'il pleut, passer dessus en deux roues et y amorcer un virage peut conduire très facilement à la chute.

C'est comme ça que vous recherchez des clients ?

En déambulant dans l'espace piétonnier, devant les pompes funèbres, trois jeunes femmes discutent et fument une cigarette. Il semble qu'elles soient salariées de la boutique.
« Bonjour, c'est comme ça que vous attendez les clients ? »
Grosse surprise et éclat de rire des trois glorieuses.
« *Oui c'est un peu ça.* » répondent-elles en chœur.
« Vous exagérez, mais en même temps vous n'êtes pas loin de l'église. »
« *Oh vous savez il n'y a plus d'enterrements à l'église ici. Ils ont lieu dans une église à l'extérieur. Mais vous pouvez entrer on pourra vous donner quelques renseignements.*»
« Vous avez raison, mais il y a beaucoup d'arnaques dans le milieu… vous devez sans doute les connaître. »
« *On peut vous présenter nos produits si vous voulez.* »
« Je vous remercie, je ne suis pas pressé d'avoir ces renseignements, en chêne ou en sapin…etc. »
« *Ah non, pas de sapin. C'est de l'épicéa ou du chêne.*»
« Bon d'accord, mais est-ce que vous en avez en carton ? »
« *Oui on en a en carton.* »
« C'est bien, car je pensais que du point de vue commercial ce n'était pas très rentable, quoique c'est à voir. De plus je vois que vous avez posé un panneau dans la rue pour attirer le chaland. »
Là, une des trois glorieuses éclate de rire et se plie en deux lorsqu'elle regarde le panneau qui indique la direction d'un

magasin de la rue attenante, mais qu'on pourrait prendre pour une invitation à entrer dans leur boutique. Son titre « LOFT ».
Il faut le faire.

« Je vois que vous proposez plusieurs options et finitions, capitonné, vernis,.... »
« *Oui il y a plusieurs options.* »
« Je vois que vous ne perdez pas le nord. Vous êtes aussi calme qu'une de mes tantes qui a travaillé longtemps dans des pompes funèbres[16]. Merci pour vos renseignements. »
« *C'est vrai, je garde mon calme. Au revoir monsieur, passez quand vous voulez.* »
« Bonne fin de journée ».

Les femmes sont comme ça ?

Il fait beau. Pas de vent et une température un peu au dessus de zéro. Aux alentours de 16h, un cygne en poursuit un autre sur le plan d'eau. Il vole au raz de l'eau et parfois ses ailes touchent la surface ce qui provoque un bruit supplémentaire venant rompre le silence environnant. Il s'y prend à plusieurs reprises. Quand le poursuivi se pose, l'autre s'en approche à près d'un mètre, les ailes déployées et recourbées, la posture du cygne mécontent.
Le manège se reproduit plusieurs fois et ils parcourent de bonnes distances à chaque manœuvre. Un peu plus près du bord, un cygne est seul dans l'eau, et ne bouge pas. Il flotte paisiblement.
Plusieurs personnes sont témoins de ce manège. Un femme d'environ 60 à 70 ans regarde la scène attentivement.
En passant à sa hauteur je lui dis :
« On dirait un mari qui ne veut pas que l'autre s'approche.»
Elle se retourne brusquement et répond :

---

16 Mais je me souviens qu'elle était toujours bien chaussée.

« Oui je crois que vous avez raison. Mais là il y a un cygne tout seul qui ne fait rien.»
« C'est peut être la femelle, vous ne croyez pas ? »
« Je ne sais pas, peut-être. »
« C'est bien possible, mais on ne le saura pas. En tous cas si c'en est une, elle laisse les mâles se bagarrer. »
« Oui peut être. »
« Vous qui est une femme, dans la vraie vie c'est comme ça que les femmes fonctionnent ? Elles attendent et c'est le plus fort qui l'emporte ?»
« Je sais pas » dit-elle un peu timidement.
Je la sens un peu gênée alors j'arrête.
« Bonne fin de journée madame. »
« Vous aussi merci. »

Dites quelques mots pour moi

Fin d'après midi ce mercredi. Après avoir fait demi tour devant la boulangerie fermée pour 2 semaines, (elle rouvrira le 23 février) j'aperçois deux dames lisant le pupitre scellé devant l'église, qui décrit l'histoire de sa construction.
Elles se penchent par dessus une poubelle de rue pour parvenir à lire. Ce n'est pas très pratique.
« Mesdames, vous devriez pousser la poubelle pour vous faciliter la lecture. »
Elles me regardent étonnées. Je m'approche et déplace la poubelle qui n'était pas fixée au sol. Elles s'exclament :
« Merci, on n'y avait pas pensé. »
« C'est quand même mieux comme ça. »
« Oui mais on n'arrive pas à entrer dans l'église. Il y a des heures d'ouverture ? »
« Normalement elle est ouverte, ça m'étonne. »
« Non, regardez, la porte est fermée. »
L'une d'elles se dirige vers la grande porte et me montre qu'elle est bien fermée.

« Oui vous avez raison, mais regardez il y a un fléchage dessus qui indique l'entrée vers la gauche, avec la petite porte que vous pouvez voir de ce côté. »
« *Ouh, on n'avait pas vu, excusez nous. Heureusement que vous avez aperçu la poubelle.* »
« Ce n'est pas la poubelle que j'ai vue, c'est vous. »
Ça les fait sourire. Elles montent quelques marches et poussent la porte. Avant de disparaître elles se retournent :
« *Merci encore, monsieur* ».
« Merci de dire quelques mots pour moi à l'intérieur, on en a toujours besoin. »
« *On le fera, promis.* » dirent-elles avec un grand sourire.
« Merci. » puis elles disparaissent à l'intérieur.

Vous avez un éditeur ?

Espace artistique et lecture ce samedi. A l'entrée, un stand de dédicace est occupé par un auteur, une autrice ou une auteure.
« Bonjour »
« *Bonjour, je peux vous renseigner ?* »
« Oui sur le livre que vous dédicacez. Il parle de quoi ? »
« *Il y a un dépliant, regardez.* »
« *C'est sur la sagesse…….* »
« Très bien, vous avez certainement dû vous inspirer de religion ? »
« *Oui comme tout le monde je suis allée au catéchisme.* »
« Oui moi également. »
« *Mais dans le livre je ne parle pas de religion.* »
…….. etc …….etc...
Puis arrive le moment où je lui demande comment elle a édité, produit ...etc.
« *Je suis passée par un éditeur qui en a imprimé 100 pour 800 euros.* »
Et pour la couverture c'est votre éditeur ou c'est vous ?

« *Comme je ne sais pas faire alors je sous-traite. C'est l'éditeur qui l'a proposée.*»
« Si vous voulez je peux vous proposer des projets. J'ai écrit un livre que j'ai publié à compte d'auteur, car la diffusion est réduite. Alors j'ai tout fait, y compris la couverture et le dos. En conséquence j'imprime la quantité souhaitée, à partir de 1 exemplaire.»
« *Oui éventuellement, je peux vous passer mon e-mail car j'écris le deuxième. Et je réfléchis à la couverture. J'ai déjà une photo. Tenez la voici.* »
« Pas de problème si vous voulez que je vous transmette des propositions. »
« *Voilà mon e-mail.* »
« Merci, je vais de suite vous envoyer un message, comme ça vous aurez le mien. Je ne peux pas acheter votre livre, car je n'ai pas de carte bleue, je l'ai verrouillée hier. Bonne fin de journée. »
« *Vous également, merci* »
Le soir je lui envoie deux photos de la couverture de mon livre, non sans l'avoir modifiée pour y mettre son prénom comme auteur et à la place de la formule « à la ville », j'ai nommé le magasin où elle effectuait ses dédicaces.
Le lendemain elle répond :
« *Merci, je vais réfléchir, je ne suis pas sûre que la photo du deuxième livre soit libre de droit. Je dois en être sûre…J'aime mieux les couleurs pleine page. Si vous savez faire, merci de vos conseils.* »
Le lendemain je lui envoie 4 projets avec un fond de couleur pleine page, avec ou sans dégradé, des photos qui m'appartiennent et des textes imaginaires pour l'auteur, le titre et l'éditeur. Je précise :
« Si ça vous paraît compatible avec ce que vous souhaitez, dites le moi. Cordialement. »
Une semaine après elle s'excuse de répondre tardivement.
« *Désolée pour le retard…...* »
Il n'y a pas de retard puisque c'était libre. C'est comme la bouteille à la mer ; elle sera trouvée ou pas.

Si j'étais plus vieux

« *Bonjour, comment ça va ?* »
« Ça va, et toi ? »
Ce genre de question manque de sens et si on recherche son origine, on découvrira qu'elle n'est pas liée au recueil des nouvelles sur la vie en général, mais sur un élément en particulier. Cherchez et vous trouverez. Soit vous ne poserez peut être plus la question en ces termes, soit vous répondrez de manière précise à la question : ça va ?.
Avec une voisine on prend mutuellement des nouvelles de temps à autre. Et on parle en bas de l'immeuble.
A un moment, passe une femme qui s'occupe régulièrement d'une personne âgée du quartier.
« *Bonjour.* » dit-elle en souriant et passant devant nous.
« Bonjour »
« *Bonjour madame.* »lance également celle avec qui je parlais.
Lorsque je la vois passer je me dis que la personne âgée a bien de la chance d'être accompagnée par cette intervenante.
Alors avec la maladresse qui me caractérise je lance :
« Il y a des moments où on aimerait être plus vieux. »
« *Pourquoi vous dites ça ?* »
« Parce que si j'étais dans la situation de la vielle dame, j'aimerais bien quelqu'un comme vous. »
« *Ah... malheureusement je suis bientôt à la retraite, ça ne risque pas d'arriver.* »
« Dommage on fera sans vous. »
« *Mais je pourrai faire des heures sup de temps en temps. Vous comprenez j'ai 60 ans alors je vais bientôt arrêter.* »
« Vous, 60 ans, je vous donnais tout au plus 50 ans, voire entre 40 et 50. Les 60 vous le les faites pas. »
« *Vraiment je vous remercie de ce compliment.* »
« Ce n'est pas un compliment, c'est un ressenti. Qu'est ce que tu en penses. » dis-je à la voisine.
« *Oui moi non plus je ne vous donnais pas 60, mais 50.* »

« *Alors merci, ça fait plaisir. Mais monsieur, c'est votre dame qui va s'occuper de vous quand vous prendrez de l'âge.* »
« Ah, vous savez, personne ne peut prédire l'avenir. »
« *Alors vous êtes célibataire ?* »
« Non je ne suis pas célibataire[17].»
« *Moi je suis célibataire. Je travaille à temps partiel. Je suis suisse et pourrai bientôt toucher la retraite. Si vous voulez qu'on se revoie, on se reverra. Je crois qu'on se reverra.* »
« Passez une bonne journée. »
« *Vous aussi, merci.* »
Bon elle voudrait apparemment qu'on se revoie. Passer du temps avec quelqu'un de calme, réfléchi, oui mais avec qui ? On pourra toujours aller boire un café dans le quartier.
On s'est recroisé deux jours plus tard tandis que je parlais avec deux personnes. Pour moi, pas de café en vue, pas envie. Ne pas donner de faux espoir.
« *Bonjour.* » nous dit-elle. « Bonjour » avons nous répondu.

Excusez moi (23/02/2022)

« *Bonjour* »
« Bonjour. »
« *Comment allez vous ?* »
« Écoutez ça va bien en ce moment. Et vous ? »
« *Ça va je vous remercie. Mais à bien vous regarder je crois que je vous ai confondu avec quelqu'un d'autre. Excusez moi.*»
« Pas de problème, quand on se dit bonjour de manière conviviale, ça fait toujours plaisir même si on ne se connaît pas.»
« *Oui effectivement, je vous ai pris pour le directeur de la société d'ambulances, que je connais bien.* »

---

17 Il faut savoir qu'un ou une célibataire est quelqu'un qui n'a jamais été marié. Et l'administration a interdit cette appellation depuis peu.

« Ah c'est une heureuse coïncidence, il a assuré un transport pour mon fils il y a quelque temps, le jour ou plus aucun de ses salariés n'était disponible. On avait beaucoup discuté.»
« *Il vous ressemble vraiment, désolé d'avoir fait la confusion.*»
« Pas grave, je vous rassure. D'ailleurs, c'est lui qui me ressemble, ou c'est moi qui lui ressemble, à votre avis ? Je vous laisse réfléchir. »
Ça amuse mon interlocutrice qui sourit à nouveau.
« En tous cas je vous remercie, vous m'avez confondu avec quelqu'un de bien. C'est une bonne nouvelle. Passez une bonne fin de journée. »
« *Vous également* » ajoute-t-elle avec un grand sourire.
Et on s'est fait un signe de la main.

Mais non ce n'est pas pour vous

En courses ce soir, je croise une ancienne connaissance qui occupait le poste de cuisinier dans une collectivité.
On s'arrête discuter quelques minutes dans l'allée des surgelés.
Une jeune mère arrive près de nous avec sa fille d'environ 5 ou 6 ans. La petite vient de s'asseoir dans le petit caddie, sur les courses qu'elles viennent d'effectuer. La mère s'en rend compte et s'adresse à sa fille :
« *Mais dis donc tu écrases toutes les courses avec tes grosses fesses.* »
Faisant semblant de me sentir visé, je rétorque :
« Madame, vous exagérez de vous adresser à moi avec cette formule. »
« *Mais non ce n'est pas pour vous, c'est ma fille , elle est assise sur les courses.* »
« J'ai bien vu, ne vous inquiétez pas, c'est pour se détendre. »
« *Je préfère comme ça. Bonne fin de journée* » nous dit-elle après avoir ajouté un article dans le caddie.
« Bonne fin de journée madame ».

Il ne risque rien, il est avec Jésus

Partis de central parc à Lyon, nous décidons de monter à la basilique de Fourvière[18] à pied. Après avoir traversé la Saône, nous déambulons dans le vieux Lyon puis empruntons des escaliers avant de rejoindre le sentier. Celui ci est régulièrement utilisé comme chemin de croix. A chaque station, une sculpture ou une marque religieuse est en place.
« Nicolas…… Nicolas…...revient ici. » crie une femme.
Il ne s'agit pas, je pense, de saint Nicolas, bien qu'on soit en environnement religieux. C'est une mère inquiète qui appelle son fils avec une voix appuyée et très forte. Au même moment, j'aperçois un enfant d'environ 10 ans en train de courir en descendant le sentier.

Finalement il s'arrête à côté d'une statue de Jésus ou d'un de ses disciples et reste silencieux.
Un peu moins d'une minute après nous croisons celle qui l'a appelé. Je lui dis :
« Ne craignez rien il s'est arrêté auprès de Jésus, il ne craint rien. » lui dis-je[19].
Ça la fait sourire.
« Bonne journée madame. »
« *Vous aussi, merci.* »

Après être redescendus, nous sommes remontés nous restaurer dans le quartier de la Croix Rousse après être passés voir le gros caillou, une vieille connaissance[20]. La vue sur Lyon y est agréable, même si l'étendue de la ville n'y apparaît pas totalement, en tous cas moins qu'à Fourvière.

----

18 Point de vue imprenable de Lyon en direction du mont Blanc.
19 J'ai failli ajouter « avec Jésus il ne craint rien, mais s'il avait croisé un religieux (mâle)veillant, dans le secteur »…voir rapport de la CIASE. Mais je n'ai rien dit.
20 Voir ouvrage précédent ou j'explique pourquoi.

Monsieur Lemasson ?

Ce matin sur le marché je discute avec José, une ancienne connaissance qui avait quitté son emploi pour se mettre sur les marchés il y a une quinzaine d'années. Avec lui j'avais élaboré son business plan. Pendant cette conversation, mon téléphone sonne avec un numéro de portable que je ne connais pas. Je décroche[21].
« Oui allo. »
« *Bonjour monsieur. Monsieur Lemasson ?* »
« Bonjour madame. Non ce n'est pas moi, je suis plutôt menuisier. Vous appelez pour quoi ? »
« *Monsieur est mon patient.* »
« Comme je vous le dis ce n'est pas moi, bien que j'ai été patient il y a quelque temps. Passez une bonne journée madame. »
« *Au revoir monsieur et excusez moi.* »

Un bon fromage blanc

Ce matin je me rends chez le fromager et j'envisage un bon fromage blanc.
J'attends mon tour lorsqu'une femme d'une cinquantaine d'années entre dans la boutique. Vêtue d'une veste et d'un pantalon en jean, chevelure blonde mi longue et lunettes de soleil, elle attend son tour. Au bout de quelques secondes elle se courbe pour passer les bas de son pantalon au dessus de ses bottines.
« Madame, ne craignez rien, il n'y a pas d'inondation. »
Elle se redresse et sourit, amusée par cette remarque.
Puis vient mon tour.
« Bonjour »
« *Bonjour, qu'est ce qui vous ferait plaisir.* » me dit le serveur.
« Un bon fromage blanc s'il vous plaît »

---
21 Cette expression n'aura bientôt plus de sens.

« Ah je suis désolé, je n'en n'ai pas à cause de la température. J'en attends pour la fin de semaine. »
« Bon, tant pis. Donnez moi une tranche de parmesan. »
« *Voilà. Il vous faut autre chose ?* »
« Oui, un pot de fromage blanc. »
Les deux clientes derrière moi se mettent à rire.
« *Ah non comme je vous l'ai dit, il n'y en a pas.* » avec le sourire.
« J'avais espéré que vous en receviez entre temps. Bon, ça ne fait rien. Ça ira comme ça. »
On se dirige vers la caisse. Dans les mains j'ai déjà un livre que je viens d'acheter en librairie.
« *Vous voulez un petit sac ?* »
« Pardon, vous m'avez appelé petit sac. C'est la première fois qu'on m'appelle comme ça. En même temps vous n'avez pas dit gros sac, heureusement. »
La bonne humeur se répand dans le magasin.
« *Ça fera 6 euros.* »
Après avoir payé, je m'éclipse.
« Au revoir. »

Bravo, vraiment bravo

Ce samedi, je rejoins des amis au salon de thé, vers 15 heures, pour prendre le temps de parler et d'échanger. En traversant la place, dans un secteur piétonnier, je croise la manifestation habituelle des anti ou des pour quelque chose, qui dure depuis juillet dernier.
Je ne m'arrête pas et continue mon chemin. Un peu plus loin devant un magasin de chaussures se tiennent les trois vendeuses, qui, sans client, regardent les manifestants.
J'arrive à leur hauteur.
« Mesdames, bravo. Je tiens à vous féliciter, vraiment je n'aurais pas cru que c'était possible, bravo. »
Elles me regardent un peu surprises mais avec le sourire.

« *Vous nous félicitez pour quoi ?* »
« Ne me dites pas que vous n'êtes pas au courant. »
« *Non, on ne sait pas.* » disent-elles en se regardant avec étonnement puis en me regardant à nouveau.
« Franchement que les commerçants du secteur piétonnier aient organisé une animation commerciale tous les samedis, depuis des mois, c'était impensable. C'est pour ça que vous dis bravo. »
Éclat de rire général des trois glorieuses.
« Bonne fin de journée. »
« *Merci, vous aussi.* »

Je croyais que vous étiez ensemble

C'est la semaine où je refais mon tableau électrique. J'ai besoin de quelques composants. Dans le couloir du magasin, j'attends le vendeur, en présence d'une femme et d'un jeune couple. Il arrive.
« Bonjour »
« *Bonjour* »
Après qu'il m'ait procuré les éléments dont j'ai besoin, il se tourne vers les autres. Le mari de la dame plus âgée s'est éloigné. Ils sont arrivés avant le jeune couple.
Le vendeur :
« *Oui, bonjour c'est pour quoi ?* » en s'adressant au jeune couple.
« Monsieur, c'est à moi. » lance la dame de 70 ans.
« *Ah excusez moi, je croyais que vous étiez ensemble* » lui dit le jeune homme en la regardant et en me jetant un bref regard interrogatif.
La femme me regarde l'air jovial, sans surprise, ni souhait apparent, et finalement le sourire l'emporte.
« Je vous remercie mais si j'étais avec quelqu'un, je le saurais. En même temps vous me voyez avec une femme dont le mari est au bout du rayon. Ça pourrait mal se passer.

Mais ça fait du bien de sourire un peu par les temps qui courent. »
Le jeune homme est fier de son intervention même si elle tombe un peu à plat. J'ajoute :
« Mais si je croise quelqu'un avec qui j'aurais envie d'être, je vous appellerai et vous ferez les présentations. »
« *C'est d'accord.* » ajoute-t-il avec le sourire.
« Bonne fin de journée »
« *Vous aussi monsieur* »

Bonsoir

Ce soir, pizza. Il est bientôt 19 heures. Le soir arrive doucement. La journée a été tempérée et ensoleillée.
Je vais croiser une jeune femme et on se regarde. Jusqu'à ce qu'on se croise nos regards ne se quittent pas.
« Bonsoir »
« *Bonsoir* » avec un grand sourire.
« Au fait on se connaît ? » lui dis je.
« *Oh j'ai confondu. Mais le bonsoir tient toujours.* »
« Moi c'est pareil, car en plus vous avez l'air sympathique. Bonne soirée. »
« *Bonne soirée.* »
Chacun continue son chemin.
Parfois je me demande ce qui se passe lorsque des regards se croisent. Mais c'est certain, il se passe quelque chose.

Vous avez raison

Courses au magasin bio aujourd'hui. Les salades sont très bonnes. Je cherche du pain bio, mais rien. Les rayons sont vides. Il ne reste que des pains à finir de cuire. Je n'en n'ai

jamais pris. Je me lance et en prend un puis m'approche du rayon salades pour en saisir une.
La personne du rayon me dit
« *Vous pouvez la garder comme ça, le prix est dessus.* »
« Merci. Il me semblait aussi. Mais si je peux vous demander un conseil, pour le pain qui reste à cuire, il faut le mettre dans le four avec l'emballage ou il faut le sortir ? »
Évidemment je prends un air de quelqu'un de perdu, incapable de lire les étiquettes.
Le garçon semble interloqué et réfléchit quelques secondes.
« *Je vais demander à ma femme, elle est dans le magasin.* » dit-il en regardant dans sa direction.
Puis d'un seul coup il se retourne vers moi et ajoute :
« *Bien sûr il faut enlever l'emballage. Je n'ai pas réfléchi.* »
« Ah merci, il me semblait bien qu'il fallait retirer l'emballage. »
Il se dirige vers sa femme et lui relate la question que je lui ai posée. Ça la fait rire. Puis elle continue ses courses et je reste avec le vendeur. Puis je ne sais plus comment c'est venu, il s'est mis à me parler de son fils qui était parti en voyage au Sénégal.
« *Je me fais du souci avec tout ce qui se passe en ce moment.* »
« Oui je comprend, les enfants prennent des directions qui ne sont pas toujours celles que nous, les parents, avions prévu ou imaginé. »
Il me montre des photos avec son smartphone, de son fils au bord de l'océan.
« Ah je vois qu'il est au bord de l'atlantique. »
« *Ah vous êtes sûr, c'est l'atlantique ?* »
« Oui, à côté du Sénégal c'est l'atlantique. J'y suis allé dans ma jeunesse. »
« *Ça me fait du bien de parler avec vous. Les gens se croisent et ne parlent jamais. C'est dur.* »
« Oui c'est aussi ce que j'ai constaté et c'est pour ça que dès que je peux, j'engage une conversation dont le seul but est de passer quelques bons moments. »

« *Vous avez raison, c'est ce qu'il faut faire, mais je n'y arrive pas.* »
« Déjà dire bonjour c'est un signe de convivialité, mais souvent on n'ose pas. »
« *Monsieur il faut continuer ce que vous faites.* »
« C'est noté, bonne journée monsieur, et si je repasse la semaine prochaine, je m'arrêterai probablement vous dire quelques mots. »
« *Bonne journée monsieur.* »

Vous êtes le voisin ?

« *Bonsoir monsieur* »
« Bonsoir madame »
« Elle me regarde et je ne la connais ou reconnais pas. Nous sommes chez un boucher-traiteur du quartier. La fin de l'après midi approche.
« *Vous êtes le voisin de Pauline ?* » me dit-elle en me regardant.
« Pas vraiment, Pauline est décédée il y a 4 ans. Mais c'est vrai j'habite non loin de là où elle habitait. »
« *Moi c'est Françoise.* »
« Ah, vous faisiez partie des 3 « Françoise [22] », c'est bien ça ? »
« *Oui c'est ça. Et votre fils il va bien ?* »
« Oui je vous remercie, il va bien. »
Après avoir pris deux merguez, une saucisse de Toulouse et une barquette de céleri rémoulade, je m'en vais.
« Bonsoir madame. »
« *Bonsoir monsieur* »
Ça faisait presque trois ans que cette histoire des trois Françoises s'était passée.

----

22   Voir dans l'ouvrage précédent, l'histoire des trois Françoises.

Désolé je n'ai pas de monnaie.

On discute avec le père d'un voisin dans la rue.
Quelques minutes après j'aperçois une jeune femme pressée qui va passer à côté de nous. Le temps est frais avec beaucoup de vent et quelques averses. Elle porte un manteau de laine et une chevelure brune. Dans les mains elle tient, bien serré contre elle, un gobelet en carton, du genre de ceux qu'on trouve dans les distributeurs de café en entreprise. Elle va faire un crochet pour nous éviter.
« Madame, je suis désolé, je n'ai pas de monnaie. » lui dis-je au moment où elle passe à notre hauteur.
Elle s'arrête net.
« *Pourquoi vous me dites ça ?* » ajoute-t-elle avec un air interrogatif mais pas inquiet.
« Ben vous vous promenez avec un gobelet, j'ai cru que vous aviez besoin d'argent. Je suis désolé de vous avoir importuné. »
Elle se met à rire et répond ; :
« *Ah non, pas du tout j'ai oublié de poser le gobelet en quittant le bureau.* »
« En même temps on y aperçoit des sachets blancs. Qui sait si ce n'est pas de la poudre ? »
« *Non, c'est du sucre.* »
« Je suis rassuré, c'est ce que vous dîtes. Mais allez y , on ne veut pas vous mettre en retard. Bonne journée madame. »
« *Au revoir, bonne journée.* »

On n'a pas gardé les cochons ensemble

Je suis étudiant. Je vais à l'école à pied. Il est bientôt 8 h ce matin. C'est l'hiver et la température avoisine les zéro degrés. Deux kilomètres me restent à parcourir. Ce matin je suis un peu endormi mais j'aime bien marcher quand il fait froid. J'ai la

tête ailleurs et les mains dans les poches de la doudoune que je m'étais acheté pour les sorties en haute montagne.
En arrivant vers un petit pont près du centre ville, je traverse le passage piétons en regardant le sol.
Soudain à la hauteur de mon genou gauche, j'aperçois un pare choc ....
Quand je rouvre les yeux, je suis au sol, sur le goudron. Deux personnes sont penchées vers moi. Je me demande ce qui s'est passé. Je me relève doucement pour voir si j'ai mal quelque part. Apparemment rien mais un peu sonné.
Les personnes me décrivent ce qui est arrivé. J'ai selon eux traversé le croisement en l'air puis suis retombé à 7 ou 8 mètres plus loin. La voiture qui m'a percuté est arrêtée.
Je suis un peu dans le cirage et m'approche de la voiture. Une femme est au volant.
« Tu ne m'as pas vu ?[23] » lui dis je à travers la fenêtre passager ouverte.
« *Non mais ça va pas ! on n'a pas gardé les cochons ensemble !* »
Puis elle est repartie immédiatement.
Moi également, mais en faisant demi tour pour retourner me coucher. Je ne me suis réveillé que le soir aux environ de 20 heures. Le lendemain je suis retourné à l'école.
La prochaine fois je dirai bonjour avant de m'adresser à une personne que je ne connais pas.

Monsieur c'est lui.

Plus jeune, en classe préparatoire scientifique, cours de philosophie.
Il fait beau. L'hiver est derrière nous. Le soleil réchauffe l'atmosphère. Au fond de la classe, située au dernier étage du

---

23 Quelle question ridicule.Bien sûr qu'elle ne m'a pas vu, sinon elle aurai freiné. A moins qu'il y ait une autre raison ?

lycée, je contemple les collines situées à une dizaine de kilomètres vers l'ouest. Je rêve.
A côté de moi, un ami que je n'ai jamais perdu de vue[24]. Je n'écoute pas ce qui se passe. Je suis ailleurs.
Soudain je reçois un coup de coude de sa part.
« *Monsieur, lui il le sait.* » dit-il en s'adressant au professeur et en me montrant du doigt.
« Qu'est ce que je sais? » dis je à mon voisin en chuchotant.
« *Tu m'en as déjà parlé. Tu as la réponse.* » me dit-il.
« La réponse à quoi ? »
« *Il vient de demander si quelqu'un peut dire qui a écrit une théorie sur l'Alpha et l'Omega.* »
« Oui bien sûr c'est Theillard de Chardin. » lui dis je.
« *Monsieur, il vient de me le dire.* » ajoute t-il en se moquant de moi.
« *Alors qui a écrit une théorie autour de l'Alpha et de l'Oméga ?* » me dit le professeur en s'adressant à moi.
« C'est Theillard de Chardin, monsieur. »
« *Oui vous avez raison c'est bien lui. Vous pouvez passez me voir à la fin du cours.* » ajoute le professeur.
Vraiment je ne peux pas lire tranquille. Il faut dire que mon ami est un parleur[25], mais j'aurais préféré garder ça pour moi.

La fin du cours arrive. Je suis le dernier à sortir. Le professeur m'attend, puis s'adresse à moi :
« *Ça vous dirait qu'on tente une percée philosophique autour de ce sujet ?* ».
Je reste surpris et ne me souviens plus comment ça s'est terminé[26]. Mais il n'y a pas eu de suite.

---

24 Il y a donc des gens qu'on ne perd pas ou/et qu'on retrouve.
25 Ne jamais désespérer, il est aujourd'hui écoutant dans les hôpitaux.
26 Concernant les percées, j'ai plutôt été un adepte des vilebrequins ou de la tarière de mes grands parents.

Tenez, comme promis

Depuis plusieurs semaines, je croise sur le marché, un petit stand de fromagers tenu par une mère et sa fille.
Naturellement ils ne crient pas pour attirer le client, contrairement à d'autres.
Je m'y suis arrêté plusieurs fois. Mais ils ne prennent pas la carte bleue. J'y suis donc retourné avec des espèces.
Un petit chèvre et un morceau d'abondance ont garni mon filet.
Un jour je leur ai demandé
« Vous venez d'où ? »
« *De la ferme……..* » à une dizaine de kilomètres.
« Il faudrait que vous puissiez mettre un nom sur votre stand, comme ça les gens sauraient tout de suite d'où vous venez. »
« *Oui, peut être vous avez raison.* »
Vu là où ils se situent, ils n'ont pas d'environnement propice à faire imprimer une banderole.
« Je vous en proposerai un sous forme de panneau ou de banderole. Mais ce sera gratuit. »
Deux semaines plus tard je lui présente un projet sous la forme d'un texte imprimé en couleurs sur un papier au format A3.
Elle est surprise, mais je la sollicite pour le texte, la couleur, la taille, la police….Elle me précise que la taille devrait être plus grande pour s'adapter à la table.
« C'est noté je vous apporte une banderole la semaine prochaine, à moins que vous ne soyez sur un marché près d'ici cette semaine. »
« *Oui dimanche je suis sur le marché en face de la gare.* »
« Alors je vous l'apporte dimanche. »
C'est dimanche de Pâques. C'est étonnant qu'il y ait un marché ce jour là, mais je vais y aller.
Il fait beau mais un peu frais ce matin. Il est aux environs de 9 h. Arrivant au stand, seule la maman est là. Elle me voit venir.
Je lui tends la banderole roulée et tenue par un élastique.

J'ai l'impression qu'elle est surprise, voire émue que je lui tende ce rouleau. Elle ne l'ouvre pas.
« Voilà, comme promis, c'est pour vous. Je repasserai pour voir si ça convient. Bon dimanche de Pâques. Au revoir madame. »
Je fais demi tour et commence à partir :
« *Monsieur, monsieur.* »
Je me retourne et l'aperçois en train de mettre un morceau de fromage dans un papier.
« *J'allais oublier, tenez c'est pour vous.* »
« Il ne fallait pas, mais j'accepte. Comme ça on ne sera redevable de rien l'un envers l'autre. Je vous remercie et à bientôt sur le marché. »

Ils recherchent un trompettiste

Un défilé de mode est organisé ce matin dans une des rues du quartier. Tapis rouge d'une vingtaine de mètres, musique et décoration sont prêts.
En quittant le quartier alors que le défilé n'a pas commencé, je croise une famille avec deux enfants.
Le mari est un peu à l'écart avec un mouchoir à la main. Il va certainement se moucher.
Au moment ou il se mouche, il fait un bruit assez impressionnant. Je tourne le visage vers lui et lorsqu'il a terminé je lui dis :
« Monsieur faites vite, ils recherchent un trompettiste pour l'orchestre au défilé de la rue d'à côté. Vous avez le volume qu'il faut et la note est juste, allez y.»
Instantanément il éclate de rire et ça fait plaisir de voir sa bonne humeur. Sa femme sourit également.
« Je vous souhaite une bonne santé et une bonne journée monsieur. » en lui faisant un petit signe de la main.
Il sourit également et me fait un petit signe de la main.

Et surtout, sois heureux

Chaque été lorsque j'étais étudiant, j'allais dans les alpes rejoindre quelques amis pour des randonnées ou des sorties d'escalade.
Mon moyen principal de déplacement était le stop. Habitant près de la nationale 6 non loin d'une entrée sur l'autoroute A6, je trouvais souvent la bonne place pour permettre aux voitures de s'arrêter.
Pour leur faciliter la tâche, j'avais confectionné un panneau de contreplaqué en 8mm, de taille 50x15 cm, autour duquel j'avais fixé un plastique transparent. Je pouvais de la sorte afficher les villes avec la même taille que les panneaux d'entrée qu'on trouve au bord des routes. J'avais préparé toutes les villes que je voulais traverser et gardais aussi quelques papiers vierges pour noter d'autres lieux en fonction de l'évolution du trajet. Un gros feutre noir venait compléter l'attirail. Avec un piolet sur le sac, les automobilistes pouvaient deviner à quelle activité je me destinais.
Me voilà pris en stop par une estafette conduite par un gars qui était d'un dynamisme dont je me souviens encore. On a parlé durant les quelques dizaines de kilomètres parcourus ensemble dans la région de Chambéry.
Au moment où nos routes devaient se séparer il m'a déposé au bord de la route et m'a lancé, avant que je referme la portière :

« *Et surtout sois heureux.* » avec un large sourire.

Une autre fois j'ai été pris par Raymond Renaud, guide de haute montagne et grand amoureux du massif de la Meije.
Il m'avait décrit une de ses ascensions dans le couloir Gravelotte[27] ainsi qu'une première dans ce même massif.

---

27 Avez vous déjà entendu la formule : ça tombe comme à Gravelotte ? On l'emploie pour illustrer des chutes de pierres régulières comme dans le couloir Gravelotte qui conduit au sommet de la Meije. Ce couloir était réputé pour ses chutes de pierres et sa dangerosité.

C'est un miracle

La modestie est à l'ordre du jour. Ce matin de Pâques, un voisin de plus de 80 ans, avec qui j'avais l'habitude de prendre un café de temps en temps, parti changer d'air en Normandie, m'appelle..
« *Le voyage m'a fatigué.... En arrivant il y a eu des travaux à faire pour la remise en état, des fourmis, une fuite d'eau, une porte de jardin qui ferme mal, des planches qui fendent...* »
« Tu vas pouvoir te reposer et profiter de l'environnement. »
« *Oui mais j'ai les jambes qui flageolent, le dos qui me fait mal, certainement à cause des deux jours de voiture. En plus j'ai le cœur qui me fait mal. En ce moment je suis au bord de la mer. Et ma femme est à la messe.* »
« Écoute, bon dimanche de Pâques avec ta petite famille et à bientôt pour un café. »
« *Toi aussi, et à bientôt.* »
Puis il raccroche.
Moins de deux minutes après, le téléphone sonne à nouveau. C'est lui qui rappelle. Qu'est ce qui se passe. Je me demande en un éclair de seconde ce qui peut le pousser à me rappeler. Mais en décrochant je devrais avoir la réponse :
« Allo, tu as oublié de me dire quelque chose ? »
« *C'est un miracle, je te dis c'est un miracle.*[28] »
« Ouh là, qu'est ce qui se passe ? »
« *Quand je t'ai appelé j'avais mal aux jambes, mal au dos et le cœur me créait des douleurs. Tu sais que je me soigne pour le cœur. Une fois que j'ai eu raccroché, je n'ai plus eu mal nulle part, ni aux jambes, ni au dos, ni au cœur. C'est un miracle. C'est parce que je t'ai parlé, je t'assure.* »

---

28   J'avais, depuis tout jeune, pensé à plusieurs reprises pouvoir imposer les mains pour guérir quelqu'un en mauvaise posture. Je suis toujours resté persuadé que cela fonctionnerait. Non pas pour des raisons de position des mains, mais pour des raisons liées à l'esprit que j'y mettrais. Mais ça ne s'est jamais présenté.

« Écoute j'en sais rien , mais regarde le pape à midi pour la bénédiction. Et pose lui la question. Et si jamais tu as un coup de mou, rappelle moi. »
Vingt quatre heures se sont écoulées et il ne m'a pas rappelé. Par contre 5 jours après il avait de nouveau des douleurs.

Donne moi le sens de l'humour

Ce texte n'est pas de moi.
...pour que je tire quelque bonheur de cette vie et en fasse profiter les autres.
L'humour apaise, te fait voir les choses provisoires de la vie et prendre les choses dans un esprit de rédemption[29]. Cette attitude est humaine…
La personne qui a dit ça, vous la connaissez de près ou de loin, mais je ne l'ai pas rencontrée.

Veni vidi, ma soeur

Cet après midi, visite rapide de Vichy avec une de mes cousines qui habite la région. Il fait beau et le fond de l'air est toujours aussi frais que les jours précédents. Mon fils est là également.
Après avoir suivi un webinaire[30] lié à des évolutions réglementaires, pendant une heure dans la voiture en stationnement, je les rejoins pour partir déjeuner au bord de l'Allier.
Aux alentours de 14 h 30, après avoir pris un café, nous nous dirigeons vers le centre ville afin de nous garer sur une petite place légèrement en pente.

---
29 Délivrance, expiation, libération, pardon, rachat, réhabilitation, salut.
30 Conférence diffusée en direct sur internet et visible par tous les inscrits. Des questions réponses sont possibles, au micro ou par message texte.

A la borne de paiement, choisir la durée du stationnement en appuyant plusieurs fois sur le + se révèle aléatoire. La machine s'emballe pour me proposer de stationner jusqu'à plus de 21 heures. Je bougonne un peu et dois refaire la manipulation.

A ce moment là s'approchent deux femmes qui descendent la place. Une assez âgée, autour de 85 ans, et une religieuse bien plus grande et plus jeune qui pourrait être sa fille.
Si la femme âgée regarde le sol en marchant, la religieuse, vêtue d'une tenue grise impeccable, longue, jusqu'aux pieds, avec un foulard de même teinte sur la tête, pose un regard dans ma direction.

Elle marche paisiblement. Son visage est calme et réfléchi. Elle se tient droite et accompagne la femme plus âgée.
Elle voit bien que cette borne de paiement ne réagit pas comme je voudrais ou que je bougonne un peu alors elle me lance calmement une parole dont j'ai oublié le détail, mais qui pourrait signifier :

« *Allez y, continuez, ça va bien se passer.* ».

Son visage, d'un calme exceptionnel et très souriant ainsi que ses yeux, expriment la même sérénité. Je me suis senti cueilli ou accueilli comme un visiteur attendu qu'on a plaisir à voir, à revoir ou à recevoir.

Rapidement j'ai eu le sentiment qu'elle avait eu la même posture que moi lorsque j'aborde des inconnus[31] pour leur délivrer une parole bienveillante, avec humour. Un vrai bonheur.

Alors je lui ai répondu :

---

31 Dans l'ouvrage précédent, il y a une histoire dans le même esprit, autour d'une borne de paiement du stationnement.

« Oui, je vous remercie, mais n'oubliez pas de dire quelque chose pour moi. »

Elle apparaît tellement rayonnante de l'intérieur que je lui demande un service, sans savoir de quoi j'ai besoin et sans savoir ce qu'elle pourrait dire pour moi dans ses prières.

Elle a hoché calmement de la tête, avec un sourire qui m'a déconcerté, pétrifié puis transporté dans un au-delà de sérénité, inimaginable une seconde avant.

Elle a ensuite continué son chemin. C'était en contrebas d'une église en réparation, Notre Dame des malades[32]. Cette brève rencontre restera gravée dans ma mémoire. Le soir, aux alentours de 23 h 45 ce jeudi 28 avril 2022, j'écris ces lignes.

---

32 Appelée également église Saint Blaise.

Ce livre vous a plu ?
passez le à quelqu'un d'autre.
Il ne vous a pas plu ? C'est pareil.
Et vous pouvez ajouter votre signature et/ou commentaire ici.

© 2022 Dumont, Christophe
Édition : BoD – Books on Demand, info@bod.fr
Impression : BoD – Books on Demand,
In de Tarpen 42, Norderstedt (Allemagne)
Impression à la demande
ISBN 978-2-3224-2155-8
Dépôt légal : Mai 2022.

Couvertures : Christophe Delvallé – site : delvalle.fr